JN005335

実例でわかる

医療に強い税理士になるための教科書〈第3版〉

鈴木 克己 著

税務経理協会

第３版の刊行にあたって

前回の第2版の刊行から4年半が経ちました。

この間に医療機関の経営に大きな影響を及ぼす思いもよらない2つの試練が世界を襲うことになります。

1つは、新型コロナウイルス感染症が文字通り「猛威を振るった」ことです。

最初は、中国のそれもごく一部の地域で発生した感染症でしたが、その感染力は凄まじく、あっという間に世界中に広がり、多くの感染者、そして死者が発生する大変な事態になったことはご存じのとおりです。

本書の執筆時にもまだまだ感染が完全に収まる兆候は見られず、3年超にわたる長期戦を強いられています。

医療機関は、この未知なる感染症に立ち向かうべく最前線に立ち続けました。その間の医療従事者の皆様の献身ぶりには、ただただ頭が下がる思いでした。

その一方で新型コロナウイルスの感染拡大は、医療機関の経営環境を大きく変化させるインパクトも残しました。

本書でも触れますが、感染拡大期には新型コロナウイルス感染者の治療が優先されたことで不要不急の医療提供はできる限り先送りされました。

新型コロナウイルス感染症以外の患者はできるだけ通院しないで済むようにとオンライン診療の拡大、薬の長期投与（薬の処方を受けるためには通院が必要であるが、90日分など長い期間分の薬を投与することで通院の間隔を空ける）の浸透などによって、外来患者を中心に患者数の減少を招き、それはそのまま医療機関の収益減へと繋がりました。

加えて、このことは患者の意識に変化をもたらしました。それは、今まではドクターに言われるままに通院していたが、実は必要以上に医療機関に通院しなくても大丈夫なんだということに気付いたという意識の変化です。

この意識の変化は、新型コロナウイルス感染症が終結しても変わることはなく、今後、医療機関は患者数が感染拡大前には戻らないことを前提に経営を進めていく必要があります。

また、新型コロナウイルス感染症は、対面ではない形で様々な事務が進むようにということでオンライン会議やテレワークなどデジタルトランスフォーメーション、DX化を進めることを促しました。

DX化は税会計の世界でも加速度的に進んでおり、電子帳簿保存法の改正、特に電子取引への対応やインボイス制度への対応はもう待ったなしです。

特にインボイス制度への対応は、消費税に無関係であった医療機関、特に診療所においては、様々な選択肢の中から判断をしなければならない状況にあります。

もう1つの試練は、ウクライナ危機です。

ロシアによる、まさかの実力行使に世界中が不意を突かれ、ただでさえ新型コロナウイルス感染症で痛んでいた世界経済を更に混乱に陥れました。

特に物流網への影響は甚大で、エネルギーを中心に価格高騰、そしてインフレを招き、水道光熱費や様々な品々の値上げに繋がっています。

当然、その影響は医療機関にも及び、水道光熱費や医療材料、医療消耗品の値上げが続いています。価格が完全に決められている診療報酬が売り上げの中心である医療機関は患者への価格転嫁が事実上できないことからそれはそのまま利益を圧迫しています。

まさに新型コロナウイルス感染症と併せてダブルパンチを食らったといえます。

世界にとってのこの2つの試練は、医療機関にとっても本当に「試練」となりました。

端的にいえば、「医療機関は儲かる」という神話が崩壊するかもしれないという大きな節目を迎えた、そんな「試練」であったといえます。

そんな中、我々の税の世界においては、持分の定めのある社団医療法人の持分に係る事業承継支援税制である認定医療法人制度が大きく見直され、活用される機会が一層増えました。

また、新型コロナウイルス感染症の影響による患者減を受けて、これをきっかけに医業承継期にあるドクターの多くが自身の医療機関を第三者へ承継するということも増えたように感じます。

前述したようにDX化への対応やインボイス制度の検討も控えています。

認定医療法人についても、第三者承継についても、私も事務所のメンバーも新たな実務経験をたくさん積むことができました。

DX化もインボイス制度も事務所メンバーで色々と考えています。

そんな中、今回の改訂にあたっては、新たに積み上げられた経験を実例という形でご紹介しています。そして、敢えて恥ずかしいのですが、うまく行かなかった事例も織り込んでいます。

DX化やインボイス制度についても、執筆時点での検討状況を整理しました。

本書が医療分野に携わることを希望されている実務家の皆様の入門書としてお役に立てれば、幸いです。

改訂にあたっては、税務経理協会の吉冨様に多大なご協力を賜りました。吉冨様には、このような機会を頂戴しましたことに改めて感謝申し上げます。

令和5年1月

税理士　鈴木克己

はしがき

「とんでもないことです。」

これが、強い税理士シリーズの第3弾として、医療に強い税理士になるための教科書の執筆依頼を受けた際に思わず口から出た、私の第一声であった。

確かに私の実務経験のほとんどは医療機関税務の対応であるのだが、それにしても医療に強い税理士になるための教科書を執筆するなんて、とんでもなくおこがましい。

しかしその一方で、「待てよ。恥ずかしい話ではあるが、失敗の数や経験はたくさんあるし、今後のためにもここで自分自身の実務を振り返る良いきっかけになるかもしれないなあ」と考えたのも事実である。

普段の仕事を抱えながら、自分自身の実務経験を振り返るのはなかなか大変なことだけど、締め切りを設定してもらう執筆という形で追い込まれれば、嫌でも振り返ることができるし、それは今後のためにも有り難いこと。

このように思い直して、執筆がスタートした。

正直、私自身はまだまだ医療に強いと言い切れるだけの実力があるとは思っておらず、医療に関してたくさんの経験があるというだけなので、原稿を通じて医療に強くなるための秘訣を示せたかという点については不安もある。

しかし、内容のほとんどは私の経験に基づくものであり、成功したものだけでなく失敗したものを含むたくさんの事例を織り込むことで、医療税務の実務の一部を感じていただく内容になったものと自負している。

ドクターの働き方は、ライフステージを追うにつれ、様々に変化していく。

医学部を卒業した後、勤務医となり、結婚を経て独立、診療所を開業する。患者も増えて規模の拡大を考え始めた頃には、子供を医学部に…といったイベントも出てきて、教育費など個人のキャッシュフローも視野に入れつつ、医療法人化を検討する。医療法人が軌道に乗ってきたらMS法人を設立することもあるかもしれない。やがて子供が医師として一人前になると、反対に自分の健康には不安な点も出てきて、医療法人を次世代へ承継することを考えるようになる。

税理士としては、ドクターが現在立っているステージを意識しながら、様々な税務上の課題に向き合っていくことになる。診療所の開業時や医療法人化する時など、各時点を切り取って短期的な解決を図っても、あまり意味がない。そこで、本書の章構成は、クライアントであるドクターのライフステージの展開に合わせたものにした。

個人ごとで恐縮ではあるが、本書籍の執筆中に父を亡くした。

ここ数年、闘病に闘病を重ねた末の最期だった。

父の闘病生活も例外なく多くの医療機関関係者の支援を受けたが、父の治療に誠心誠意取り組んでくれる姿勢に改めて頭の下がる思いであった。

父の最期の闘病生活を通じて、自分は今更ドクターとして人を救うことはできないけれど、税務を通じて心ある医療機関の応援を続けたいという思いを新たにした。父が最期の最期で「お前の進んでいる道は間違いないよ」と背中を押してくれたのだと思う。

これからも税務を通じた医療機関の支援に邁進し、少しでも社会貢献に繋がるように努力を続けていきたい。

最後に、このような貴重な機会をくださった税務経理協会の吉冨様をはじめとする皆様に心から御礼申し上げたい。

平成27年8月

税理士　鈴木克己

目次

第2章 医療機関を支援するための基本知識

第3章 個人病医院を医療法人化する支援

第4章 医療法人の運営に係る支援

第5章 医療機関に特有の税務

2　新聞やニュース、医療専門の雑誌などに関心を持つ

医療制度改革④は当時から大きな注目を集めており、それに関する新聞記事、ニュースは世の中に溢れていたので、とにかく、難解に見えてもできる限り触れるようにした。

また、勤務先の税理士法人で配属された医療事業部が医療関係の雑誌を購読しており、やはり内容は難しいものであったが、できる限り触れるように意識していた。

3　その上でこちらからドクターに投げかけてみる

基本書、新聞やニュースに触れるだけではなく、それを通して抱いた疑問や自分自身が興味を持った内容について、クライアントであるドクターに積極的に質問をして教えてもらったり、意見を聞いたりした。

もちろんドクターにもよるが、こちらの疑問や興味に対して、自身の経験や医師会などから得られている情報などを交えて色々と話してくれるドクターがクライアントにいれば、この試みを通じて加速度的に医療の周辺知識⑤が身に付く。また、お世話になった前職の先輩に、「あるドクターのところで聞いた話を別のクライアントのドクターに話をしてみることで、また違った角度から知識を整理できる場合がある」と言われたことがある。なるほど

---

④　高齢化の進展、経済基調の変化、医療技術の進歩、国民意識の変化を背景に我が国の医療のあるべき姿を踏まえて医療政策を総合的に実施していくことを目指した改革。

⑤　たとえば、医療制度に関する知識はもちろん、ドクターはどのようなキャリア（医学部を卒業して、研修医になって…）を歩むのか、ドクターはどのような人付き合いをするのか、医師会とはどのような組織なのかなどが挙げられる。

ドクターや奥様との何気ない会話からヒントを掴んでいく必要がある。

と思い、以来、意識して実践するようにしている。会話の中で分からないことがあればその場で教えてもらい、それでも分からなければ、事務所に戻って調べる。

いずれにしても、基本書、新聞やニュースで得た情報について、医療現場を担っているドクターの目を通して見た話を聞くことは、医療の周辺知識を整理する上では大変効果的であると今でも思っている。

4　幅広い医療制度等の中でも尖った分野を極める

とはいっても、医療制度全般を押さえようと思っても無理があった。しかも、当時は、実務についたばかりで、本業である税務の実務を勉強しながらである。並み居る先輩たちに追いつくためには、そして、クライアントに一味違うと思ってもらうためには、どうしたらよいか。

そこで、医療に関する周辺知識の中でも、「この分野は鈴木に聞けばいい」と周りから思ってもらえる特定の分野、それも実務に直結する分野に力を入れ、それを極めようと考えた。

そして前述のとおり、私は医療法人化⑥の業務を一人で任されたことで「よし医療法人制度を極めてやれ」と思ったのである。医療法人制度を極めようとすると自ずと医療法人を取り巻く周辺の制度への理解も進むようになった。

振り返れば漠然と幅広い制度を追いかけるより、ある特定の分野を切り口にその周辺に知識の広がりを求めていくという方法が自分には合っていたのだと思う。

---

⑥　多くの場合、個人形態で診療所を開業して2～3年ぐらい経過すると医療法人化のタイミングになる。医療法人化には、都道府県知事の認可が必要となるが、認可を得るために膨大な書類の作成や整理が必要とされる。

コロナ禍における医療機関経営　05

1　コロナ禍が医療機関経営に及ぼした影響

新型コロナウイルス感染症（以下「コロナ」）は、その戦いの最前線にいる医療機関に大きな影響を及ぼした。

特に外来患者の動きにその影響は現れた。ピーク時は、コロナに感染することを恐れ、できるだけ医療機関に行かないようにするという、いわゆる“受診抑制”によって、外来患者が減少する傾向にあった。

医療体制が逼迫することを避けるために、不要不急の受診を控えるようにというアナウンスがされたこともその傾向に拍車をかけた。不要不急ということで、健康診断なども無理をして受診せず、先送りされたこともあった。

これらの傾向は、特に外来診療が中心であるクリニックの経営に大きな影響を及ぼすことになる。診療科によっては、診療収入が大幅に減少した。たとえば、整形外科などは少々の痛みであれば治療やリハビリを後回しにし、クリニックに行かないという患者も多くいたようだ。

一方で入院診療はどうかと言えば、もちろん、影響を受けないわけはなく、院内感染を徹底的に防ぐためにそれこそ不要不急な手術などが概ね先送りにされ、それに伴う収入減は病院経営を悪化させた。

感染拡大期においては、ある意味で日本中がパニックの状況にあり、医療機関に行ったらコロナに感染してしまうという恐怖に怯えていたが、そんな状況下でも私たちのクライアントはもちろん、医療機関の多くが文字通りコロナと戦っておられた。本当に頭の下がる思いでいたことを思い出す。

医療機関に限らず、コロナ禍を経て、面談や打ち合わせは、可能な限り対面を避け、いわゆるオンラインが主流になりつつある。

もちろん、医療機関がクライアントの中心である私も私の事務所のスタッフも感染に対して身構えてしまうことがあり、クライアントである医療機関を訪問することについてどうすれば良いのかを考えたこともあったが、クライアントである医療機関が最前線で戦っておられる以上、先方からオンラインでというお申し出がない限り、自らの感染対策を徹底して通常通りの対応をしようと決めた。

2　様々な医療機関支援策

コロナ禍を乗り切るための鍵は、やはり医療機関がどこまで対応できるかであると思う。そんな中、“受診抑制”により、医療機関の経営が苦しい状況に陥る中で国をはじめとする行政から様々な支援策が打ち出された。助成金や補助金であったり、ワクチン接種の協力金であったり、医療機関従事者に向けた慰労金であったり、金利や返済方法などについて相当に良い条件の融資であったりとその方法は様々であった。

医療機関の支援を中心にしている以上、これらの支援策については、常にキャッチアップし、速やかに情報提供できるように心掛けていた。

コロナ禍においては、業種を問わない支援に加え、業種に特化した支援もあり、特に業種に特化した支援について、全体を把握するのは相当に大変なことであったと思われるが、支援制度に関する情報提供、実際に支援制度を活用するための支援について、税理士に相談されることが多かったものと思われる。

このコロナ禍で補助金をはじめとする支援制度について大きな関心が寄せられ、多くの事業者に知られることになったと思う。支援制度について多くの事業者が知ったことで、今後はコロナに関するものだけでなく、様々な支援制度に関する情報提供などについて税理士に寄せられる期待が大きくなり、こういった制度に関する情報収集の巧拙が試されることになるのかもしれない。

3　コロナ後を見据える

コロナは、変異種の発生を繰り返しながら、ワクチンや薬品の精度向上によって、徐々に沈静化し、普通の病気になっていくものと思う。

ただ、コロナ禍が医療機関を取り巻く環境に及ぼした影響は大きなものがあると感じている。その中で大きなインパクトがあると思うのは、“医療機関の経営は安定している”という神話の崩壊ではないか。

私が実務についてからITバブルの崩壊やリーマンショックなど世界的な不況に見舞われた時期もあったが、医療機関の経営はさほどの影響を受けなかった。

特にクリニックは、今までは病気やけがを治したいという絶対的なニーズがあって、患者はドクターの言う通りにクリニックに通ってくれていた。それが事実上薬の処方を受けるためだけに必要な診察であったとしても、やっぱりクリニックを受診し、薬の処方を受けてくれていた。

ところが、前述の通り、コロナ禍は、医療機関に行くことでコロナに感染するのではないかという不安と医療の逼迫を防ぐためにできるだけ医療機関にかからないようにというムードにより、外来患者の減少を招いた。

週に1度の通院が当たり前であったのが1か月に1度になったり、事実上薬の処方を受けるためだけに毎月クリニックを受診していたものが、3か月分まとめて薬の処方を受けたりすることで、特に症状が安定している慢性疾患の患者を中心に必要以上に医療機関を受診しなくてもさほどの影響はないということに患者側が気付いてしまったのだ。

更にオンライン診療など新しい形式での診療についても規制緩和がどんどん進んでいき、従来のように頻繁に（必要以上には）医療機関にかからなくなくても良くなっていくのであろう。

このことは、当然、医療機関の収入減に繋がるし、医療機関が選別される時代になることを意味する。
“医療機関の経営は安定している”が当たり前ではなくなることがすぐ目の前に迫っているのを感じる。

第 2 章

医療機関を支援するための基本知識

友人の税理士などと話をすると、医療機関の支援はなかなか難しいとか、ドクターとのお付き合いは気を遣うといった方向性になることが多い。

確かに一般事業会社に比べてほんの少し特別なことはあるかもしれないが、医療機関やドクターは何となく……という苦手意識や先入観が強すぎるのではないかなと感じることもある。

この苦手意識や先入観を取り除くためには、特に医療機関を支援する場面に限られたことではないが、ほんの少し特別だと思われる医療機関独特の慣習や収入や支出の特徴などを押さえることが近道であろう。

加えて、ドクターがどのような人生を歩んできたのか、どのようなお付き合いがあるのかといったドクターにまつわる一般的な事柄も確認しておくことでドクターとのお付き合いも少し違ったものになるかもしれない。

本章では、医療機関を支援するにあたって押さえておきたい基本事項の整理を試みる。

ドクターのライフステージを理解する　01

医療機関を支援するに当たり、ドクターがどのような人生を歩むのかについて簡単に整理したい。もちろん、ドクター一人一人で考えれば、簡単に整理できるものではないが、ここでは、あくまでも「一般的に」どのようにしてドクターになり、開業し、我々税理士と関わるようになったのかを確認したい。

1　ドクターになるための道筋

ドクターになるには、最終的に医師国家試験に合格しなければならない。そして、医師国家試験を受験するためには基本的には大学の医学部を卒業しなければならない。

大学の医学部は、他の学部と違い卒業までに6年間を要する。

大学医学部を卒業後、順当にいけば、医師国家試験に合格し、晴れてドクターとなる。ちなみに医師国家試験の合格率は概ね90％超なので、大学時代に普通に勉強していればまず合格するといわれている。

合格後は、医師になるための本格的なトレーニングに入る。最も多いのは研修医として2年間初期臨床研修①を受け、初期臨床研修後に専門医資格などを取るために後期臨床研修に入ってドクターとしての経験を積んでいくパターンである。

その後は病院等の勤務医としてキャリアを積んだり、大学に残って医学教育に携わったり、研究機関や民間企業で医学関連の研究の道に進んだり、厚生労働省などの行政機関に進んだりと様々なキャリアの選択肢がある。

我々税理士が支援するドクターとなれば、診療所の開業医又は病院の経営者となるが、これらのドクターは、一般的には勤務医として一定のキャリア

---

①　診療に従事しようとする医師は、2年以上、都道府県知事の指定する病院又は外国の病院で厚生労働大臣の指定するものにおいて、臨床研修を受けなければならない（医師法16の2①）。

を積んだ後に開業する若しくは親が経営する病院等に戻ることになる。
ここからは、我々税理士が支援する機会の多い診療所の開業医のキャリアを考える。

2　いざ開業

「一般的」な話ではあるが、ドクターが開業を決意するのは、40代前半が多いようである（下図参照）。
そして、大学や民間の医療機関でキャリアを積んだ後にいざ開業となっても実は意外とお金が貯まっていない人が多い。ゆえに開業資金の一部は融資、医療機器等に関してはリースに頼るケースが多い。
開業直後は、融資やリース、テナントで開業するのであれば家賃の負担など厳しい時期を過ごすこともあるが、開業後2年程度を過ぎると通常は所得が上向きになり、所得税等の税金負担が重たく感じるステージに差し掛かる。

新規開業の場合の開業後年数別開業年齢

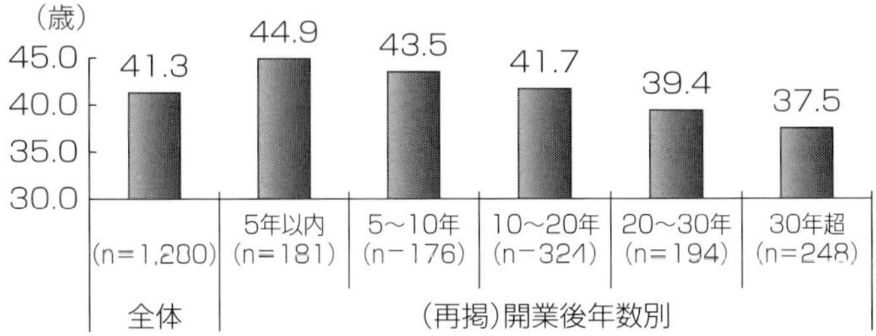

*全体には開業年無回答を含む。新規開業のみで、承継の場合は含まない。

開業動機と開業医（開設者）の実情に関するアンケート調査（2009年9月30日社団法人 日本医師会）

3　医療法人化を検討

所得が上向きになる中で所得税等の負担が重くなってくると通常は医療法人化を検討することになる。ただ、この時期は所得が増えるが、まだまだ開業時の借入金が残っているというステージでもある（次頁、図参照）。さらにこの頃から後継者となり得る子供達の学費負担も考えなければならない場合もある。

あくまでも一般的な傾向としてということであるが、ドクターの子はドクターであることが多い。その理由は、ドクターになるまでにかかる学費等の費用が高額であることが挙げられる。

ご承知の通り、大学の医学部の学費は高い。国公立大学の医学部であれば相応の学費ではあるが、私立大学の医学部の場合には、卒業までの6年間で必要とされる学費は平均3,000万円超と言われる。また、先行きが見通しにくい混沌とした時代を反映してか、安定職種と目されるドクターの人気は年々高まっており、それに伴い大学医学部への入学も年々狭き門となっている。そのため入学に向けた予備校などの費用もばかにならない。

後述するが、医療法人化するとどうしても個人としての可処分所得は減ってしまう（医療法人化により元々個人にすべて帰属していた所得を法人に帰属する所得と法人からの個人に支払われる役員報酬に二分されるので、個人の可処分所得は減少するため）。

可処分所得が減ってしまうのにもかかわらず、個人事業時代の事業上の借入金がすべて医療法人に承継することができるとは限らない。医療法人化後に個人事業時代の借入金の返済負担が個人に残ってしまう場合もある。それにドクターを目指す子供達の高額な学費を捻出しなければならない場合もある。

医療法人化するかどうかについては、税額軽減効果だけに捉われない慎重な判断が求められる。

開業後年数別　借入金の有無（新規開業の場合）

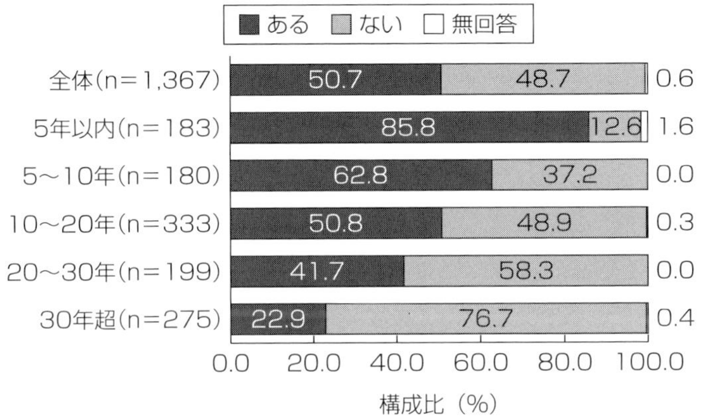

*全体には開業年無回答を含む

開業動機と開業医（開設者）の実情に関するアンケート調査（2009年9月30日社団法人 日本医師会）

4　医業承継期に差し掛かる

後継者となり得る子供が医学部を卒業し、ドクターとしての経験を積んで行くに連れて、自身のクリニックの承継にも目が向くようになる。

目論見通り、後継者が自身のクリニックを承継してくれるのであれば理想であるが、最近では後継者と期待していた子供が自身のクリニックを承継せずに、子供自身が自分で別のクリニックを開業したり、大学に残ったりと他のキャリアを選択することも増えている。そうなると後継者不在ということで廃業するのか、又は、第三者への承継などを検討しなければならない。

後継者がいてくれたとしても、たとえば子供が2人いて、2人ともドクターになってくれた場合はどうであろう。通常は承継してもらいたい自身のクリニックは1つである。どちらの子供に承継させるかという問題が生じかねない。

また、長年の頑張りの成果として相応の個人資産の形成も進んでいることも多く、当然、相続対策ひいては相続税対策も考えなければならない。

あくまでも「一般論」ではあるが、自身で開業するドクターのライフステージを簡単に整理するとこのようなイメージになる。

開院前後に留意すべき点　02

1　開業までの手続

ここからは、開業にスポットを当ててみる。

医療機関を開院しようと考えた場合には、開院準備手続に相応の時間と労力が必要とされる。

開院準備手続とは、たとえば、開院場所の選定、医療機器の選定、建物内装の設計、従業員の募集、面談、採用、保健所への開院手続や保険診療を行うための指定申請手続など数多くの手続をいう。

ドクターは、開院の寸前まで勤務医として別の医療機関に勤務することも多く、実際のところ、ドクターが開院準備に専念できるのは、概ね2か月程度であろう。そのため、これらの開院準備手続は、開院支援を行うコンサルタント会社等の支援を受けながら進められることが多く、ドクターとしては、コンサルタントにお任せという状態になるので領収書の保管や支出の記録などがきちんとなされているとは限らない。よって、税理士としても開院前に要した開院準備手続に係る開業費②の集計等に手間取ってしまうことがある。

開院時から税務支援をするのであれば、開院準備手続等の支援を行うコンサルタント会社等と上手に連携して開院前後の情報のやり取りを行うようにしたい。

ちなみに、顧客獲得の観点から言えば、開業前のドクターがいわゆる“飛び込み”で税務顧問を依頼してくれるようなことはほとんどない。実際には、開業を支援する医療コンサルタント会社やリース会社③から紹介を受けるこ

---

② 物件探しのための諸費用（交通費や不動産関連費用）や開業支援を受ける医療コンサルタントに係る費用（コンサル報酬や打ち合わせ費用）など開院に関しては相応の開業費が発生する。

③ 開院時に導入する医療機器については、リースを組むことが多い。したがって、多くのリース会社が開院予備軍のドクターを積極的に支援している。

とが多い。

クライアント獲得を意識するのであれば、医療コンサルタント会社やリース会社との関係を作り、その関係を大事にしておくのもひとつの方法である。開院を希望するドクターの紹介を受けやすくなるであろう。

開院までの一般的な流れ（診療所の場合）

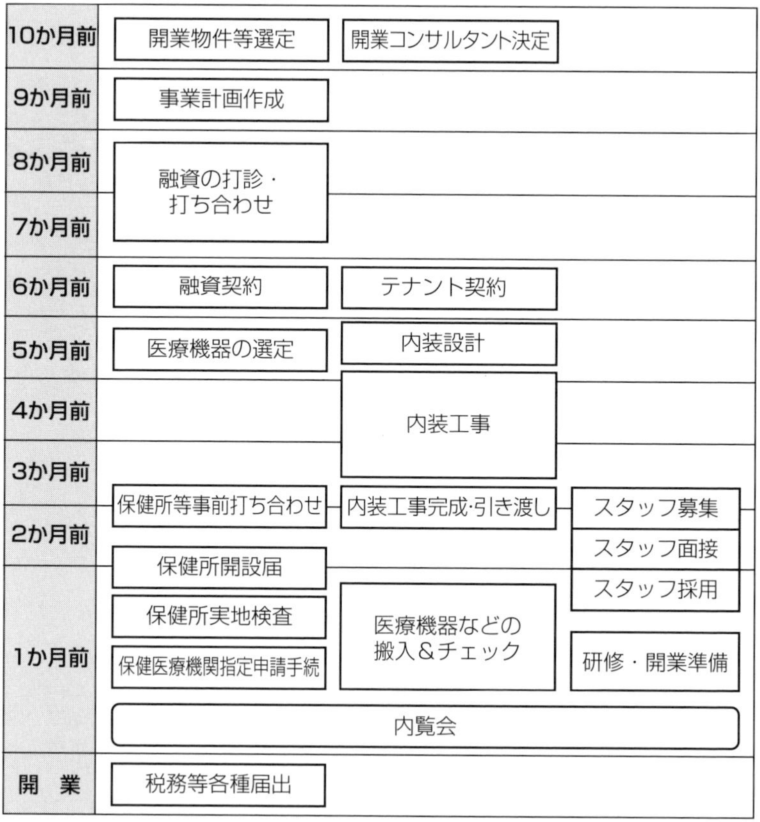

実例 1　開院に際しての祝金等

医療機関の開院に際してはいくつかのセレモニーが行われる場合が多い。最もポピュラーなのが、開院直前に行われる内覧会である。内覧会とは、開院までの支援をしてくれた取引先や近隣の方々を招いて、医療機関を内覧していただくことを通じて、地域に認知してもらうためのセレモニーである。

その際、様々な業者から開院の祝金を受領することも多い。本事例は、開院時から支援したあるクライアントの話である。

そのクライアントも、開院に先立ち内覧会を実施した。複数の取引先から祝金を受領された院長は、祝金であるということもあって、まさか税金の問題が生じるとは考えなかったのであろう、祝金については特にご報告をいただかなかった。

後日、税務調査が入り、開院前後の収入支出が重点的にチェックされる中で、開院1年目の確定申告において、開院前後に受領した祝金が計上されていない旨の指摘を受けた。

顛末としては

開院に伴う祝金の受領は別に医療機関特有の商慣行ではない。しかしながら、医療の世界では、その数が多く、かつ、その額が高くなりがちなので、税務当局も関心を持つことが多い。

本事例の結論としては、税務上、開院に伴う祝金については、事業所得に計上すべきとなる。

税務調査では、無理のある主張と思いつつも、担当者相手に開院に伴って受領した祝金は、そもそも事業に伴う収入ではないことから事業所得ではなく、法人からの贈与ということで一時所得ではないか（結果、特別控除の範囲内で課税なし）などの種々の主張をした。

しかしながら、祝金を支出した取引先では当然のことながら交際費として処理している旨及び事業所得の計算においては開院前の内覧会などに要した費用を必要経費としている旨などを説明され、結果、祝金のうち、明らかに取引先から受領した分について集計し、修正申告に応じることとなった。

今思えば、開院に伴う祝金の受領は当然に予測できたものであり、当方から祝金の受領についてしっかり確認すべきであったと思う。

思い返すと開院と支援のスタートがほぼ同時であった（開院直前からの支援であった）こともあって、院長とのコミュニケーションがままならない状況はあったが、全く言い訳にはならない。

2　開業費をフォロー

繰り返しになるが、新たに一から医療機関を開設しようとすると時間も労力もかかり、そしてお金もかかる。開業場所を決めるために足を運んだことによる交通費、開業コンサルタントとの打ち合わせなど細々した支出もたくさん発生する。これらの支出の中には、いわゆる税務上の開業費として必要経費に算入できる支出もある。

ドクターの多くは開業後の支出が経費になるだろうことは当然のように分かっても、開業前の支出が経費として認められる場合があるということは知らないので、アナウンスが欠かせない。

開業費は、税務上、不動産所得、事業所得又は山林所得を生ずべき事業を開始するまでの間に開業準備のために特別に支出する費用とされている。

開業準備がある程度進んだ段階でご紹介を受けた場合に開業費の説明を差し上げると、既に領収書を破棄してしまったなどということがある。その場合は、できるだけ支出の状況を説明できる資料やメモなどを確認し、開業費として必要経費に算入できる状況が整えられないかを検討するほかなくなってしまう。

承継開業が増えている　03

近年、新たにクリニックを開業する場合の選択肢として、承継開業が注目されている。 承継開業は、文字通り、既に開設されているクリニックを引き継いで開業することをいう。

次の図は、厚生労働省が2年おきに取りまとめている「医師・歯科医師・薬剤師統計」に掲載されているクリニックに従事する医師数及び平均年齢の年次推移データである。

年齢階級別にみた診療所に従事する医師数及び平均年齢の年次推移

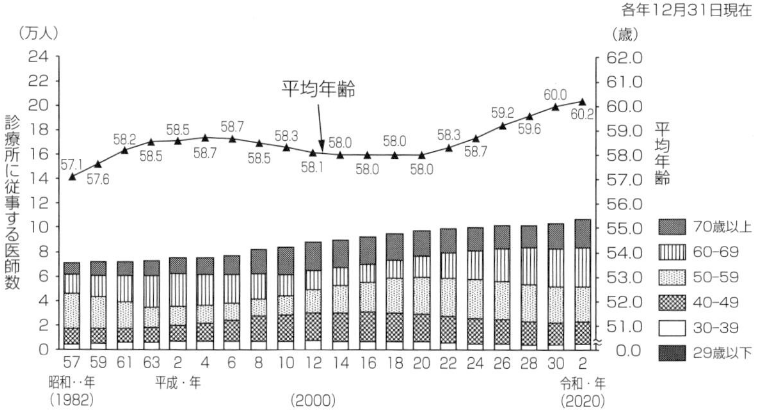

厚生労働省　令和2（2020）年医師・歯科医師・薬剤師統計の概況より

ここ数年の傾向として平均年齢が少しずつ上がっており、年齢別の構成を見ても60歳以上の割合が大きく増えていることが分かる。

このようにクリニックの経営者も他の業界と同様に事業承継の適齢期に差し掛かっていて、すぐ下の50歳から59歳の層のドクターもいずれ事業承継適齢期に加わっていくことになる。

自身が築いてきたクリニックについて、承継してくれる後継者（子供など）が居れば、もちろん親子間での承継を検討することになるのだろうが、最近はそのような後継者がいてくれる環境であることが少なくなってきている。ドクターにはなったものの親とは違う診療科を選択したり、大学に残ったり、厚生労働省、民間企業など他の道を選択したりと親のクリニックを引き継がない（引き継げない）というケースも増えているのである。

となるとクリニックの「廃止」ということを考えなければならないが、医療機関はある意味で社会的公器としての性格も備えているので、地域医療のために、そして診察している患者のために簡単に「廃止」という選択をしてよいものかと悩まれる。

その一方で新規に開業したいと希望するドクターは常に一定数いるが、コロナ禍を経て医療機関経営が厳しさを増し、金融機関も昔のように開業資金を簡単に融資してくれる環境ではなくなってきている現実もある。

このようにできれば「廃止」したくないドクターと開業はしたいけど簡単ではない状況にある開業希望のドクターとの間で利害が一致し、承継開業が検討される。承継開業は、もともと稼働しているクリニックを承継するのであるから、全くの新規での開業に比べ、初期の設備投資の負担は抑えられるし、ある程度患者を引き継ぐことも見込めることから事業計画も描きやすく、金融機関からの融資も受けられやすいというメリットもある。

ただし、既存の従業員の方々の処遇をどうするかなど細々検討しなければならないこともあり、新規で開業するのと同じくらい時間も労力も要すると考えるべきだ。

医療機関の収入・支出の流れ　04

　医療機関の収入・支出の流れは、概ね次のように整理できる。収入・支出の流れについては、医療機関だからといって、特別な流れがあるわけではない。比較的シンプルに整理できる。

収入	振込収入	審査支払機関からの振込収入 その他公的医療の振込収入
	現金収入	患者からの自己負担金 物品等の販売収入
支出	振込支出	医薬品等の業者⑥への支払い 人件費・水道光熱費の一般経費の支払い
		借入金の返済 税金等の支払い
	現金支出	消耗品等の小口支出

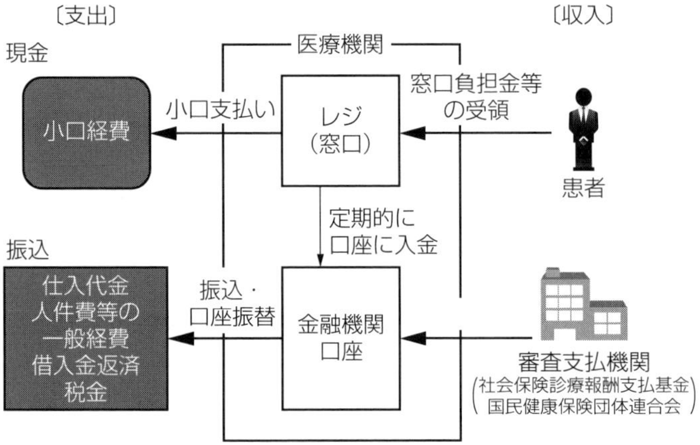

⑥　医薬品や医療材料については、大手4社が主要な取引先になる。メディパルホールディングス、アルフレッサホールディングス、スズケン、東邦ホールディングスが大手4社と言われる。

医療機関の収入の流れは大きく2つある。

1つは、保険診療の自己負担部分や予防接種の料金など患者から実際に現金で受け取る部分である。患者が診察を終えた後に少し待たされて、受付で財布から支払うあの金額である。最近はキャッシュレスによる決済も増えている。

もう1つは、保険診療の自己負担部分以外の金額などいわゆる振込により受け取る金額である。

医療機関の収入の中心である保険診療においては、1つの仕事に対して2つの入金ルートがあると思えば分かりやすい。

現金で受け取る分は、日々レジに入金されるので、そのまま小口経費の支払いに充てられつつ、定期的に通帳に入金されることになる。

一方で振込により受け取る分は、現金で受け取る分に比べて金額が大きいので、仕入の代金や人件費、借入金の返済など主に大口の支払いに充てられることになる。

ただ、医療機関の収入の流れはシンプルであるものの、収入の種類は多岐にわたる。しかも、収入の種類によって、消費税等の取扱いが異なることもあるので、その区分を明確に管理することが後の決算処理等の負担の軽減に繋がる。

収入については、日々の処理の段階から勘定科目を区分し、さらに補助科目⑦などを適宜設定して、種類ごとに把握できるようにしておくのが効率的である。

---

⑦ 医療機関の収入は多岐にわたり、かつ、収入ごとに消費税や事業税の取扱いが異なるので、会計ソフトを運用する上では補助科目を設定するなど可能な限り収入ごとの把握ができるようにするのがよい。

1　健康保険からの収入

医療機関の収入は、公的な制度からの収入、中でも健康保険からの収入が大半を占める。

健康保険からの収入は、主に社会保険診療収入⑧と国民健康保険診療収入⑨の2つがある。

社会保険は、主にサラリーマンが加入している健康保険であり、国民健康保険は、主に自営業者が加入している健康保険である。国民健康保険には、75歳以上の者が加入する後期高齢者医療制度からの収入も含まれる。

日本は、すべての国民がいずれかの健康保険制度に加入するという、いわゆる“国民皆保険制度”であることから、患者が医療機関にかかる際には、自身が加入しているいずれかの健康保険の保険証を持参して診察を受けることになる。そのため、この2つの保険制度からの収入が医療機関の収入の大半を占めることになる。

2　その他の保険からの収入

医療機関が介護保険のサービス⑩を提供している場合には、介護保険からの収入が発生することもある。

また、外科や整形外科であれば、交通事故に遭った患者の治療を行えば、自動車損害賠償責任保険、いわゆる自賠責からの収入が発生するし、勤務中の事故や病気であれば、健康保険ではなく、労働者災害補償保険、いわゆる

---

⑧　主にサラリーマンが加入する健康保険からの収入。主に中堅中小企業の正規労働者が加入する全国健康保険協会や大企業の正規労働者が加入する組合管掌健康保険、公務員が加入する共済組合がある。

⑨　主に自営業者が加入する健康保険からの収入。

労災からの収入が発生する。

3　自由診療収入・雑収入

大半を占める保険収入以外の収入としては、自由診療収入⑪や雑収入がある。

自由診療収入は、簡単に言えば、健康保険外の収入であり、たとえば、健康診断や予防接種に係る収入や歯科で保険適用対象外の材料や治療法などを用いた場合の収入である。

また、実際に診察を行うわけではないが、患者が入院した際に民間の保険会社から医療保険を受け取るための診断書などを作成した場合の作成手数料などの収入が発生する場合がある。これらの収入は一般的には雑収入に区分される。

---

⑩　医療機関が行う介護保険サービスとしては、訪問看護や訪問リハビリテーション、通所リハビリテーション、介護老人保健施設の運営などがある。
訪問看護は、看護師等が病気や障害を持った方の生活の場へ訪問し、看護ケアを提供するサービス。
訪問リハビリテーションは、利用者の生活の場へ訪問し、リハビリテーションを提供するサービス。
通所リハビリテーションは、施設で利用者に対してリハビリテーションを提供するサービス。
介護老人保健施設は、介護を必要とする高齢者の自立を支援し、家庭への復帰を目指すために、医師による医学的管理の下、看護・介護といったケア、リハビリテーション、栄養管理・食事・入浴などの日常サービスまで併せて提供する施設をいう。

⑪　社会保険診療収入や国民健康保険収入以外の収入をいう。たとえば、予防接種の接種料や健康診断の収入などが挙げられる。

医療機関の主な収入

収入区分	収入の内容
社会保険診療報酬収入	組合健保（大企業従業員）や協会健保（中小企業従業員）などからの収入
国民健康保険診療収入	国民健康保険からの収入
介護保険収入	介護保険からの収入
自由診療収入	主に保険外の収入 （例）保険外診療による患者の自己負担部分、健康診断による収入、予防接種による収入など
自賠責収入 ※自賠責：自動車損害賠償責任保険	主に外科・整形外科の収入 （例）交通事故の患者に適用された自賠責による診療収入（損害保険会社から支払われる）
労災収入 ※労災：労働者災害補償保険	労働者が労働災害にあった場合に労災から支払われる収入
雑収入	上記以外の収入 （例）医療器具のレンタルによる収入、物品販売収入、各種事務取扱手数料収入など

診療報酬請求と月次決算との関係 05

月の単位で見た場合、医療機関の繁忙期は月初である。月初には、前月のカルテ⑫から診療の内容をまとめ、チェックし、審査支払機関（社会保険診療報酬支払基金・国民健康保険団体連合会）に診療報酬を請求する手続があるからである。診療報酬は、各月ごとに月末で締めて、翌月の10日を締め切りとして、審査支払機関に請求するルールになっている。その手続が月初に集中するために忙しくなる。

月次決算の関係でいうと、各月の収入を発生主義⑬で計上するためには、この診療報酬の請求額を確定する手続を待たなければならない。つまり、医療機関の月次に関する必要資料が完全に揃うのは、診療報酬を請求する手続が終わる翌月10日前後ということになる。

その結果、月次決算が締まるのは、早くて翌月の中旬、通常は翌月の月末となることから、仮に、クライアントに毎月1回往査に伺うということであれば、月末になることが多い。

このように手続の関係で翌月末のご報告となってしまうことが多いが、クライアントとしては早く数字の報告を受けられるに越したことはない。資料が出揃う翌月10日から、いかに早い処理を行い、いかに早くご報告できるかが差別化のポイントになるものと思う。

実際、前の税理士の月次の報告が遅いので、少しでも早く報告してくれる税理士を…ということで、お仕事をいただくことが多い。気をつけたいところである。

---

⑫　医療に関する患者の病状・処置・経過等の診療経過を記録したもの。患者ごとに作成される。最近では、電子化（電子カルテ）が進んでいる。

⑬　医療機関の場合には、診療報酬の請求が終わったときではなく、診療行為が終わったときに収益計上すべきとなる。

医療法人化を提案するタイミング　06

一般的には、開院後2〜3年程度経過すると所得水準も高くなり、医療法人化を検討する段階に入ってくる。

医療法人化において留意すべき点については、次章で詳しく述べることにするが、1つの目安としては、所得税の課税所得金額が2,500万円を超えてくるのであれば、税額軽減のメリットを試算し、医療法人化の提案をするタイミングとなる。

第3章

個人病医院を医療法人化する支援

個人で開業した後、一般的には、2～3年すれば医療法人化を検討することになる。

法人化については、一般の事業においても多く行われているが、医療法人化の場合には都道府県知事の認可が必要とされる点に注意が必要である。しかも、認可のタイミングは、通常、年2回程度である。つまり、事業主の任意のタイミングで医療法人化することはできない。

医療法人化の実務を進める上で留意すべき点は、都道府県知事に対する認可申請手続と個人から法人へ事業を切り替える際の手続である。

医療法人化のきっかけと準備　01

医療法人化は、医療機関の経営主体を個人から法人に切り替えることである。そして、その一番の目的は、税負担の軽減である。

個人で開業した後、一般的には2～3年経過してくると所得が増えてくるが、それとともに、どうしても所得税の累進課税[①]の影響により税負担が大きくなってしまう。そこで、税負担の軽減を図るために医療法人化を検討することになる。

ドクターは、同窓会や医師会などで先輩や同僚からの話を聞いて、医療法人化については意外に情報を持っている。ドクターからの依頼を待つのではなく、タイミングを見て税理士から医療法人化の提案ができるのが望ましいと思う。

医療法人化に際しては、都道府県知事に対して、医療法人設立認可申請書を作成し提出することになるが、その提出に向けて、以下の準備を行うことになる。

---

① 所得が高い人ほど税率が高くなる制度。日本の所得税は5％から45％の7段階に区分されている（平成27年分以降）。

医療法人化の流れ

医療法人化のシミュレーション	税額軽減効果やキャッシュフロー
医療法人に関する基本事項の検討	役員構成・拠出する財産・承継する債務・決算期などを決定する
必要書類の整理・準備	認可申請書の作成に必要な書類の整理・準備
医療法人設立認可申請書の作成	必要書類を整理しながら、医療法人設立認可申請書を作成
行政への手続	医療法人設立認可申請書を提出し、都道府県との間で設立に向けたやり取りを行う

医療法人化のシミュレーション 02

医療法人化を検討する場合には、まず、医療法人化することでお金の流れがどのように変わるのか、その結果、どのくらいの税額軽減に繋がるのかをシミュレーションする必要がある。

1　シミュレーションに必要な資料の収集

シミュレーションを行うためには、主に以下の書類等を収集する。

必要書類等	留意点
確定申告書	現在の所得水準と所得税等の負担額を把握し、医療法人化による税額軽減効果を検討するため。
借入金の返済予定表	・医療法人に引き継げる借入金②を整理するため。 ・医療法人化した後の個人のキャッシュフローも検討するため、医療事業に係る借入金だけでなく、住宅ローンなど個人の借入金も提示してもらう。
リース契約の一覧表	医療法人に引き継ぐべきリース契約を把握するため。

2　シミュレーション結果から検証すべき事項

シミュレーション結果を受けて、特に留意すべきは以下の点である。

② 医療法人化に伴い、個人の借入金を医療法人に引き継ぐ場合には一定の制限がある。具体的には、医療法人基金として拠出する資産に対応する借入金のみが引き継げる。74頁参照。

(1) 税額軽減効果の確認

医療法人化による税額軽減効果を確認する。もちろん、税額軽減効果は役員報酬をいくらに設定するかによって変わってくるので、シミュレーションではいくつかの役員報酬案③を検討する。その結果、複数のパターンを提示することになる。

(2) 医療法人化後の個人のキャッシュフローの変化

後述するが、医療法人化により個人のキャッシュフローは大きく変わる。医療法人化後に受け取る役員報酬で、住宅ローンなどの個人の借入金をきちんと返済できるのか、その上で生活に支障がないのかなど、医療法人化後の個人の可処分所得の観点からしっかりと検証することになる。

法人化を行う際、ともすると(1)の効果、つまり、税額軽減効果ばかりに目が行きがちであるが、個人のキャッシュフローの変化についても意識しておかなければ、医療法人化したことで却って個人のキャッシュフローが苦しくなってしまったということになりかねない。

(3) 医療法人化によるメリット・デメリットの整理

医療法人化では、税額軽減効果④が得られるというメリットが強調されることが多い。しかし医療法人化によって、例えば、厚生年金保険料などの社会保険料の負担が増える場合があるなど、メリットばかりでなくデメリットも整理してきちんと伝えることが大切である。

---

③ 実際には、個人事業時代の所得税の確定申告書に基づき、いくつかの役員報酬の金額を設定して、税額の軽減効果を確認することになる。その際に理事長以外の親族にも役員報酬を支給する場合には、役員報酬の分散支給による効果も織り込んでシミュレーションすることになる。

④ 医療法人化により個人の所得が医療法人の所得と医療法人からの役員報酬等による個人の所得に区分されることにより、税額軽減効果が生じる。

3　税額軽減効果・個人キャッシュフローの変化

医療法人化で大きく変わるのが、キャッシュフローである。キャッシュフローが大きく変わることで税額軽減効果が得られる。

ここで意識しておかなければならないのは、所得の変化メカニズムの図を見れば分かるように、税額軽減効果は個人と法人を合わせたところで得られるものであるということである。

所得変化のメカニズムの2つの図をご覧いただきたい。

いずれも縦軸に税率、横軸に所得を置いている。

上図は医療法人化前、つまり個人事業主の場合の所得と税負担であり、所得が増えれば増えるほど税率が上がり、税負担が増えることを示している。

医療法人化することで事業の所得は一旦医療法人に帰属し、個人は医療法人から役員報酬を得る形に変化する。このことで個人所得は事業所得から給与所得に変わり、そのことで給与所得控除が使えるようになり、そのことで税額軽減効果も生じる。

また、役員報酬支給後に残った所得は、医療法人に帰属することになるが、このことで医療法人化前には超過累進課税により高税率で課税されていた部分が法人税の課税に変わり、所得税よりも低い税率で課税されることになるため、結果として所得税と法人税の税率差が生じ、税額軽減の効果が得られるのである。

つまり、医療法人化は、個人の所得を医療法人に移すことなので、個人だけを見た場合には、キャッシュフローが減少することになる。加えて、医療法人化によって個人の事業上の借入金をすべて医療法人に引き継ぐことができればいいのだが、医療法人への借入金の引継ぎについては一定の制限が置かれている（74頁参照）。

したがって、医療法人化に伴い、個人に借入金等の負担が多額に残ってし

所得の変化メカニズム

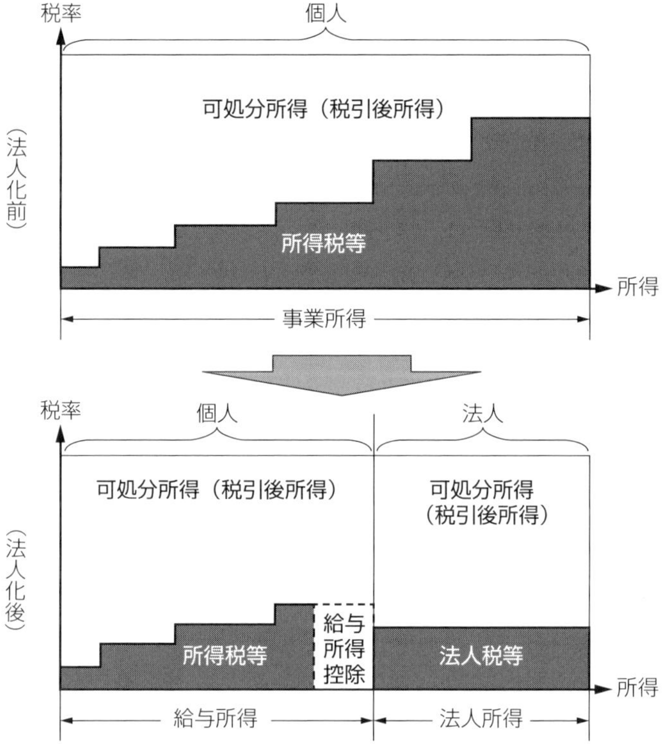

まう場合や子息の学費（医学部に進学となれば尚更！）等、個人での大きな支出が予定されている場合には、医療法人化で個人の可処分所得がどのように変化するのか（医療法人化後に低減した個人のキャッシュフローで対応できるのか）を慎重に検討する必要がある。

4　医療法人化のメリット・デメリット

その他、医療法人化に伴うメリット・デメリットは以下のように整理できる。

(1) 家計との分離による対外的な信用度の向上

医療法人化に伴い、事業と家計の分離を図ることができ、その結果として銀行やリース会社などに対する信用度の向上に繋がる。とりわけ、ドクターは事業と家計の区分が不明瞭であるというイメージを持たれることが多いので、法人化による対外的な信用度の向上は意外に大きなメリット⑤となる場合がある。

しかしながら、このメリットは医療法人内に留保された資金を家計の立場で自由に使うことができなくなるというデメリットと表裏一体であることには注意が必要である。

(2) 事業拡大（分院開設など）

個人病医院の場合には、同じ事業主の下で複数の医療施設を運営することはできない。つまり、分院（一般事業会社でいう支店）を開設しようとしても、同じ事業主名義では開設できない。

分院を開設したいとなれば、必然的に医療法人化しなければならないことになる。事業拡大意欲の旺盛なドクターの場合には、医療法人化は必須となる。

---

⑤　たとえば、対金融機関だけではなく、従業員の採用などにおいても医療法人であるということが安心感につながることもある。

等は、監事には就任できない。

(2) 社員（社団医療法人）

社員は自然人であり、原則、3人以上必要であるとされている。

(3) 評議員（財団医療法人の場合）

財団医療法人の場合には、評議員会[11]の設置が必要であり、評議員の人数は、理事の定数を超えていなければならないとされている。

(4) 拠出（寄附）資産

医療法人は、「その業務を行うに必要な資産を有しなければならない」とされていることから、拠出（寄附）する資産[12]について、認可申請の際にチェックを受ける。

なお、設立当初の運転資金として、原則として初年度の年間支出予算の2か月分に相当する金額を現預金等の換金が容易な資産で拠出することが求められる。

---

⑪ 財団医療法人には、理事会を監督する機関として評議員会を必ず設置しなければならない（医療法46の2②）。

なお、事業計画の決定又は変更や重要な資産の処分などの法人にとっての重要事項については、理事長は、あらかじめ、評議員会の意見を聴かなければならないとされている（医療法46の4の5）。

⑫ 医療法人は、その業務を行うに必要な資産を有しなければならないとされている（医療法41）。

都道府県によって拠出（寄附）する資産についての制限は異なるが、東京都では業務を行うに必要な資産という観点から、以下のような指導がされている。

「拠出（寄附）財産は、拠出（寄附）者に所有権があり、医療法人に拠出するのが適切なものとします。個人的な医師会（歯科医師会）の入会金等は拠出できません。 棚卸資産（医薬品、衛生材料等）、消耗品、一括償却資産及び中小企業者の少額減価償却資産の取得価額の必要経費算入の特例（租税特別措置法第28条の2）の適用を受けた資産、営業権、繰延資産（開業費等）、前払費用等についても同様に拠出できません。」

(5) 承継負債

医療法人の設立に際して、個人病医院時代の負債を医療法人に承継するためには一定の手続が必要とされる。

具体的には、医療法人化に際しては、どの負債であっても無条件で承継が認められるわけではなく、原則として、拠出（寄附）する資産のために抱えた負債に限られる。したがって、医療法人化前の運転資金（個人病医院時代の運転資金）を医療法人に引き継ぐことは認められない。また、リース契約の引継ぎも負債と同様に一定の手続⑬が必要とされる。

この負債及びリース契約の引継ぎについては、医療法人化を検討する上で大きなポイントになるので、後ほど事例を交えて詳しく説明したい。

(6) 決算期

医療法人の決算期は任意に設定できる。

---

⑬ リース契約の当事者を個人から医療法人に切り替える（リース契約を医療法人に引き継ぐ）ことにつき、リース会社の承認が必要となる。

医療法人とはどのような組織か？ 04

医療法人には、大きく分けて2つの種類がある。1つは社団医療法人⑭、もう1つは財団医療法人⑮である。一般的には、社団は人の集まりであり、財団は物の集まりであると言われるが、医療法人としての大きな違いはガバナンスに現れる。

社団医療法人は、人の集まりであることから、社員といわれる自然人が集まることで設立される。財団医療法人は、物の集まりであることから、医療法人の目的のために財産が提供されることで設立される。

一般的に、医療法人は公益法人でも営利法人でもなく、いわば両者の中間的性格を持つ、医療法を根拠とした特殊法人であるといわれている。

医療法人の種類

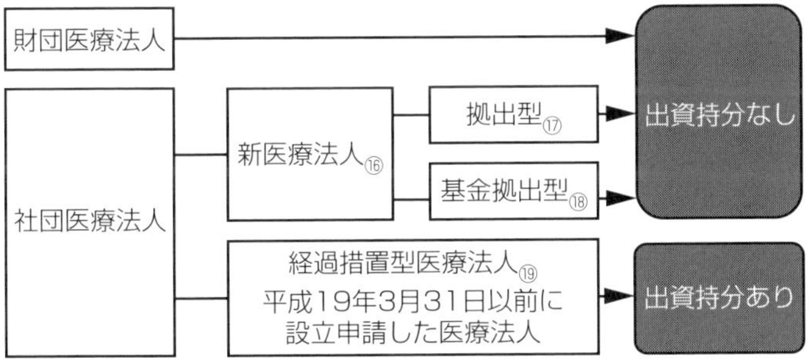

⑭　数としては、社団医療法人が圧倒的に多い。令和4年3月31日現在において総医療法人数57,141に対して56,774が社団医療法人である。

⑮　令和4年3月31日現在において総医療法人数57,141に対して367が財団医療法人である。

⑯　平成19年4月1日以降に設立認可申請された社団医療法人。

⑰　持分の定めのない社団医療法人のうち基金制度を採用していない法人。

⑱　持分の定めのない社団医療法人のうち基金制度を採用している法人。

⑲　平成19年3月31日以前に設立認可申請された社団医療法人で出資持分の定めのある法人。

ただし、設立時の税の問題や、設立時に法人に提供する財産が完全に寄附する形になってしまう等の理由から、財団ではなく社団が選択されることが多い。実際、財団医療法人の全医療法人に占める割合は1％にも満たない(令和4年3月末現在)。

医療法人数（令和４年３月末）

医療法人の種類	法人数	割合
（総数）	57,141	100%
財団医療法人	367	0.6%
社団医療法人（持分の定めあり）	37,490	65.6%
社団医療法人（持分の定めなし）	19,284	33.7%

設立時の税務　05

医療法人の設立時の税務については、設立される医療法人の種類によって取扱いが異なる部分がある。

なお、この税の取扱いが、設立される医療法人の種類を選択する上でのポイントになる。

1　基金拠出型医療法人の場合

(1) 財産の拠出者側

財産を拠出する側の税務は、拠出する財産の種類によって取扱いが異なる。拠出する財産が金銭であれば、特に課税は生じない。一方で、不動産等の現物資産を拠出する場合には、基金を譲渡対価とする譲渡所得⑳が課税される。また、個人病医院時代に消費税の課税事業者である場合には、現物資産の拠出＝課税売上となることから、消費税も課税されることになる。

(2) 医療法人側

医療法人側は、拠出された資産の種類にかかわらず、設立時に受け入れた金銭の額又は金銭以外の資産の価額は、その医療法人の各事業年度の所得の金額の計算上、益金の額に算入しないものとされている。したがって、設立時における資産の受け入れによって医療法人側に課税㉑は発生しない。

---

⑳　基金という債権を譲渡対価として資産を拠出したものとして課税される。この場合、譲渡対価としての基金はすぐに換金できる（医療法人から返還を受ける）ことはないので、譲渡所得税等が生じた場合にどのように納税するかが問題になる。

㉑　医療法人がその設立について贈与又は遺贈を受けた金銭の額又は金銭以外の資産の価額は、その医療法人の各事業年度の所得の金額の計算上、益金の額に算入しない（法人税法施行令136の3①）。

2　拠出型医療法人・財団医療法人の場合

(1) 財産の拠出者側

上記1の基金拠出型医療法人の場合と同様に、財産を拠出する側の税務は、拠出する財産の種類によって取扱いが異なる。拠出する財産が金銭であれば、特に課税は生じない。一方で、不動産等の現物資産を拠出する場合には、譲渡対価がない取引、つまり、法人に対する無償の譲渡ということでみなし譲渡㉒の課税が行われる。

この、みなし譲渡については、公益を目的とする事業を行う法人に対する譲渡の非課税（いわゆる租税特別措置法40条の非課税㉓）の承認を受ける余地はあるものの、そのハードルはかなり高い。

(2) 医療法人側

医療法人側については、法人税等の課税については、上記1の基金拠出型医療法人と同様に取り扱い、つまり、課税はない。

しかしながら、対価のやり取りのない取引であることから持分の定めのない法人に対して財産の贈与が行われたものとして、医療法人を個人とみなして贈与税が課税されることになる。このあたりの課税関係が明確でないこと

㉒　所得税法59条に規定する譲渡。法人に対して無償により譲渡所得の基因となる資産の移転があった場合には、その者の譲渡所得の金額の計算については、その事由が生じた時に、その時における価額に相当する金額により、これらの資産の譲渡があったものとみなすとされる。

㉓　法人に対して資産を無償で移転した場合には、その時における価額に相当する金額により、これらの資産の譲渡があつたものとみなされるが、これらの資産を公益法人等に寄附した場合において、その寄附が教育又は科学の振興、文化の向上、社会福祉への貢献その他公益の増進に著しく寄与することなど一定の要件を満たすものとして国税庁長官の承認を受けたときは、この所得税について非課税とする制度が設けられている（租税特別措置法40）。

設立時の税務・まとめ

区分	拠出財産	拠出者側	医療法人
基金拠出型医療法人	金銭	課税なし	課税なし
	金銭以外	譲渡税課税（基金が譲渡対価）	
拠出型医療法人 財団医療法人	金銭	課税なし	一定の要件を満たさない場合には、贈与税課税 （相続税法66④）
	金銭以外	みなし譲渡税課税 ただし、措置法40条の非課税承認を受けた場合には課税なし（極めて困難）㉔	

から、多くの場合には、基金拠出型医療法人で設立されることになるのである。

㉔　譲渡所得について非課税となる国税庁長官の承認を受けるためには、次のすべての要件を満たすことが必要とされる。
(1) 寄附が教育又は科学の振興、文化の向上、社会福祉への貢献その他公益の増進に著しく寄与すること。
(2) 寄附財産が、その寄附日から2年以内に寄附を受けた法人の公益を目的とする事業の用に直接供されること。
(3) 寄附により寄附した人の所得税の負担を不当に減少させ、又は寄附した人の親族その他これらの人と特別の関係がある人の相続税や贈与税の負担を不当に減少させる結果とならないこと。

上記(1)～(3)により医療法人の場合には、社会医療法人や特定医療法人といった公益性の高い医療法人であれば承認を受けられる可能性はあると思われるが、医療法人の設立と同時に社会医療法人の認定や特定医療法人の承認を受けることはできないので、医療法人の設立時に行われる寄附について非課税の承認を受けることは現実的に不可能であると考える。

基金拠出型医療法人の仕組み　06

「05　設立時の税務」で述べたように、拠出型医療法人・財団医療法人は設立時の税務上の取扱いが不明確であるということや設立時に法人に提供する財産がすべて寄附という形になってしまう（見返りがない）ということから、多くの場合は基金拠出型医療法人が選択される。

したがって、ここからは、基金拠出型医療法人を中心に、その仕組みについて説明することとしたい。

1　基金拠出型医療法人の税務上の取扱い

平成19年4月1日以降に設立認可申請をして設立された社団医療法人のほとんどは、基金拠出型で設立されている。

基金㉕は、一般事業会社にはない概念なので、ここで基金拠出型医療法人の税務上の取扱いで留意すべき点を整理する。

(1) 基金の税務上の取扱い

基金の税務上の取扱いは以下の通りである。

法人税法	法人税法2条16号《定義》に掲げる資本金等の額の算出基礎となる「資本金の額又は出資金の額」に該当しない。
消費税法	消費税法12条の2《新設法人の納税義務の免除の特例》に掲げる「資本金の額又は出資の金額」に該当しない。

つまり、基金は資本金の額又は出資の金額に該当しないので、基金拠出型医療法人は、資本金又は出資金を有しない法人として取り扱われることになる。

そのため、医療法人設立に伴い提出する「法人設立届出書」に記載する資

㉕　社団医療法人に拠出された金銭その他の財産であって、当該社団医療法人が拠出者に対して返還義務を負うものをいう（医療法施行規則30の37）。なお、基金には利息を付すことはできない。

本金又は出資金の額については0円と記載することになる。

(2) 影響を受ける税務上の規定

基金拠出型医療法人は、上記（1）のとおり、資本金又は出資金を有しない法人に該当するため、結果として以下の規定については、取扱いに留意が必要である。

法人税	交際費等の損金不算入	損金不算入額の計算上、資本又は出資を有しない法人として取り扱われる
	寄附金の損金不算入	損金不算入額の計算上、普通法人、協同組合等及び人格のない社団等のうち資本又は出資を有しないものとして取り扱われる
	法人税率	資本若しくは出資を有しないものとして取り扱われる 年800万円以下の所得に対する軽減税率適用可能
	中小企業者等	常時使用する従業員数が1,000人以下の場合には中小企業等に該当する
消費税	設立後2年間の納税義務	原則、納税義務はない （特定期間の売上等による納税義務はあり）
地方税	均等割	原則、道府県民税2万円・市区町村民税5万円

2　ガバナンス

社団医療法人は、社員[26]で構成される社員総会[27]を最高意思決定機関とし、理事会㉘が業務執行を行う。

なお、基金拠出者（基金を持っている者）は、必ず社員になるという関係性はない。基金を持っているが社員ではない者も存在するし、基金は持っていないが、社員である者も存在する。

つまり、基金は、医療法人のガバナンスには何ら影響を及ぼさない。

3　平成19年4月に社団医療法人が変わった

平成19年4月1日施行の医療法改正で社団医療法人の仕組みが大きく変わった。具体的には、平成19年4月1日以降に行われた設立認可申請により設立された社団医療法人の場合には、出資持分という概念がなくなった。

従来は、原則として、出資者は設立に際して出資した資産の見返りに出資持分を取得する仕組みとなっていた。

しかしながら、平成19年4月1日以降に設立認可申請がされた社団医療法人は、資産は拠出されるものとして整理され、資産の拠出に対する見返りはなし、すなわち、事実上の寄附により設立される仕組みとなった。

4　基金という概念

見返りのない資産の拠出により事実上の寄附でしか設立できないとなると資金調達に支障が生じるということで、資金調達の多様化を図る趣旨で出資とは異なる基金という概念が導入された。基金とは、簡単に言えば、無利息

㉖　社団医療法人の構成員をいう。なお、社員の地位は出資持分や基金と結合しておらず、出資持分を全く有しない社員や基金拠出していない社員も存在する。

㉗　社団医療法人の最高意思決定機関。社団医療法人の理事長は、少なくとも毎年1回、定時社員総会を開かなければならないとされている（医療法46の3の2②)。

㉘　理事によって構成される会議体をいう。

貸付である。

この基金という制度を活用するためには、定款に基金に関する定めを置かなければならない。定款に基金に関する定めを置いた社団医療法人を基金拠出型医療法人という。

基金拠出型医療法人の場合には、社団医療法人に対して資産を拠出した者は、見返りとして基金を取得することになる。一方、医療法人側は、基金の取得者に対して返還義務を負うが、その返還方法等については、一定の制限が置かれている。

まず、基金には利息を付すことが禁止㉙されている。したがって、拠出した金額のみが返還されることになる。

また、返還するには、定時社員総会（臨時社員総会ではダメ）での承認と、医療法人側に返還額と同額の繰越利益剰余金があることが必要とされる。つまり、返還のタイミングは、原則として、年1回（定時社員総会の承認）であり、医療法人側に返還額と同額の利益が確保されなければ返還できない。

無利息であったり返還手続に制限があったりするものの、資産の拠出者側に単純に医療法人に資産を寄附してしまうことに対する抵抗があること、そして、何よりも税務上のリスク㉚があることから、設立される医療法人の多くはこの基金制度を採用する。

㉙　基金の返還に係る債権には、利息を付することができない（医療法施行規則30の37②）。

㉚　拠出型医療法人は、設立時の税務上の取扱いが不明確である。「06　設立時の税務」参照。

医療法人化の手続 07

医療法人を設立するためには、都道府県知事に対する医療法人設立認可申請手続が必要となるが、この手続はいつでも行うことができるわけではない。都道府県側が手続を受け付けてくれるのは、通常は年2回～3回(31)の決まった期間に限られている。

申請を行ってから医療法人の設立認可を取得し、医療法人としてスタートを切るまでは、概ね6か月程度の期間が必要とされる（病院の場合には1年程度の期間を要する場合もある）。

また、各都道府県では、ホームページ等で医療法人設立申請に関する手引きを公表しているので、これを手元に準備した上で手続を進めていくことになる。

---

(31) 東京都の場合には年2回の申請であるが、都道府県ごとに異なり、各自治体により毎年申請スケジュールが公表される。

医療法人化の手続の流れ

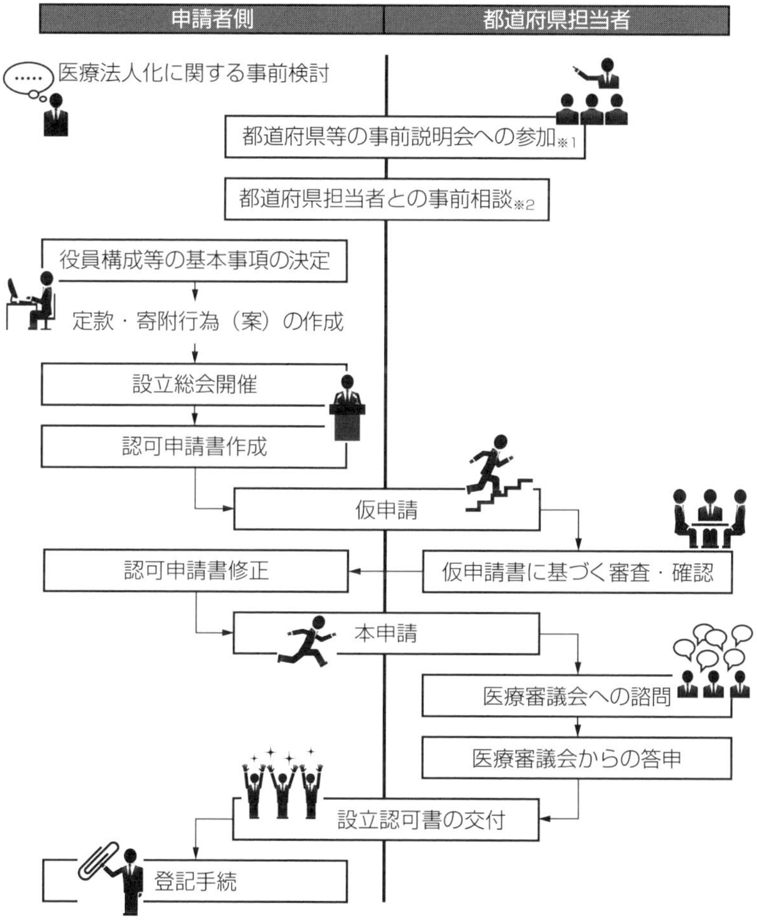

※1　事前説明会の参加は、都道府県によって任意の場合と強制の場合がある。
※2　事前相談は、必要に応じて行われるものであり、強制ではない。

基金の拠出（社団医療法人） 08

1　基金拠出者

基金拠出者には、特に制限がない。自然人でも法人でも構わないとされている。

しかしながら実際には、医療法人化に際して、設立代表者である院長以外の者が基金拠出する場合や株式会社などの営利法人が基金拠出する場合には、設立代表者と基金拠出者との関係などかなり細かい説明が求められることが多い。

医療法人はあくまでも非営利を目的とした法人であることから、特定の者や特定の株式会社などの支配や影響を受けることのないように、都道府県がチェックをするためである。

都道府県としては、元々医療法人は閉鎖的な組織である、つまり、医療法人を主宰する理事長（必要に応じて理事長の親族）が財産を基金拠出して、設立される形が標準であると考えていることの表れであろう。

実例 1　理事長以外の者による基金拠出

本実例は、事業計画遂行のために多額の資金調達が必要とされることから、スポンサーとして理事長以外の第三者に基金拠出してもらう形態で医療法人設立認可申請を行ったケースである。

A医師は、自身の経営する個人クリニックで通常の診療行為を中心に行っていたが、今後は自身の元々の研究分野である先端医療の分野にも積極的に打って出たいという強い希望を持っていた。

そのためには、新たな設備投資などの幅広い投資が必要とされるが、A医師自身は開業からさほど年数を経ていないため自己資金も潤沢ではないことから、資金調達を円滑に進めるために医療法人化を進めたいという相談を受けた。

A医師は、既に自身の事業を全面的に応援してくれるスポンサーとして株式会社B社（医療関連企業）を確保していた。

医療法人化に際して、B社からの資金を受け入れる方法としては、借入れとして受け入れる方法（医療法人とB社との間での金銭消費貸借契約）のほか、基金として受け入れる方法があるが、A医師は医療法人に利益が出るようになったら返還できる基金での受け入れを希望しており、B社側も基金での拠出に前向きということであった。

医療法人化を進めるにあたって、理事長候補者以外の第三者からの基金拠出、しかも、株式会社であるB社からの基金拠出について行政側がどのように判断するかがポイントであった。

顛末としては

基金拠出について行政側の考えを聞くために事前に行政担当者と面談をし、指導を受けた。比較的若い担当者が面談に応じてくれた。

面談の場では、医療法人設立認可申請前に、当方として問題意識を持っている理事長候補者以外の第三者からの基金拠出及び株式会社からの基金拠出について、問題がないかの確認を行った。担当者からは、基金拠出者については、全額理事長候補者でなければならないという定めも、株式会社は基金拠出できないという定めもないので、問題はない旨の回答を受けた。

回答を受けて、B社が基金の額の全額を拠出する形で医療法人設立認可申請を行った。ところが認可申請後、行政から理事長候補者が基金拠出をしていないこと及び株式会社であるB社が基金拠出をしていることについて疑義がある旨の連絡があった。

事前の担当者との面談で問題ないという指導を受けていることから、この形で認可申請を行った旨の説明を当方から行ったが、行政からは難色を示された。理事長候補者であるA医師が基金拠出しない理由書やA医師と株式会社B社との関係、新医療法人と株式会社B社との間で予定されている取引内容、株式会社B社の関係者が新医療法人の役員等には就任しないことの誓約書など種々の説明や書類の提出を求められ、これらの対応に係る調整に非常に時間を要した。

結果、年末の仕事納めの日まで行政とのやり取りを続け、何とか理解を得て、無事に設立認可に至った。

担当者による事前の説明のとおり、基金拠出者には特に制約がないことから、制度上は株式会社が基金拠出することも可能であり、問題はないものと思われる。

しかし本事例では、B社が基金の全額を拠出していることから、行政において、基金拠出の内容、A医師とB社との関係につき確認の必要があると判断されたものと思われる。

当方としては、わざわざ事前確認までしたのにと思うところではあるが、行政手続を進めていく上で窓口の担当者の見解とその担当者の上司（上席者）の見解が異なることや事前相談時の見解と正式に申請を行った後の見解が異なることは多々ある。事前相談で問題なしと確認できたとしても、あまり油断すべきではない。「言った」「言わない」にこだわっても、無駄に時間が過ぎてしまうだけで、期限のある行政手続においては自分で自分の首を絞めることになる。

後で指導の対象になると思われる事項をある程度予測しておけば、事前に対応を検討しておくことで行政手続を円滑に進めることができる。

行政手続を上手に進めるコツの1つである。

2　基金拠出の対象とならない資産

基金として拠出の対象となり得る資産は、医療法人の開設する診療所等の業務を行うために必要なものとされている。

少なくとも2か月分の運転資金として必要とされる金額[32]に見合った現預金等の拠出が必須とされる。

また、基金に拠出する現物拠出（現預金以外の不動産などの資産）の価額の総額が500万円を超える場合は、その価額が相当であるという弁護士、弁護士法人、公認会計士、監査法人、税理士又は税理士法人の証明が必要とされる。

因みに個人時代の医師会の入会金等、一括償却資産、前払費用などは基金拠出の対象とならない。

なお、個人時代の医師会の入会金については、個人の税務上（個人事業としての最後の確定申告）において、注意すべき点がある。

実例2　資産損失が認められない事例

A医師は、個人で開業して1年経過したところで医療法人化した。

開業後、想定していたよりも患者数が増え、それに伴って所得も増えたことから顧問税理士に相談し、思い切って医療法人化に踏み切った。

開業から1年程度での医療法人化であったことから、繰延資産として計上していた医師会入会金や一括償却資産として計上していた資産の残高が残っ

㉜　55頁参照

ていたが、県庁の指導により医師会入会金及び一括償却資産のいずれも医療法人への拠出は認められなかった。

そこで、個人としての最後の事業所得の確定申告に際して、貸借対照表に繰延資産として計上され、残っていた医師会の入会金の残額及び一括償却資産の未償却残額を全額必要経費に計上した。

その後、税務調査においてこれら必要経費に計上した点について、指摘を受けることとなった。

顛末としては

調査官からは、過去の裁決事例（平成15年6月24日裁決、裁決事例集No.65）を持ち出して、資産損失として必要経費に計上することは認められない旨の説明を受けた。

その裁決の内容としては、まさに本事例と同じ状況で医療法人化に伴って繰延資産として償却していた医師会への入会金及び開業時負担金の未償却残高を資産損失として必要経費に算入したが、繰延資産の未償却残額に資産損失が生じたか否かは、その繰延資産に係る支出の効果に予定外の減少又は消滅があったかどうかにより判断するのが相当であると解されるというものであった。

その判断基準に照らし合わせると、個人事業を廃業した後も引き続き医師会の会員であり、医師会から従前と同様の各種の教育・サービスを受けていると認められるので、医療法人化後であっても医師会から受ける便益は変わらないのであるから、個人事業の廃業により入会金及び開業時負担金に係る支出の効果には予定外の消滅や減少があったとは認められず、資産損失が生じたとは認められないとされた。

なお、一括償却資産についても同様の疑義が示されたが、一括償却資産の帳簿価額の残額については、所得税法基本通達49-40の3（一括償却資産に

債権者側からの承認を得る手続であることから、医療法人化が決まったら速やかに債権者側の担当者に連絡し、手続を進めていく必要がある。

この際、金融機関やリース会社によって対応が異なることがあるので注意が必要である。

リース会社は医療法人化に慣れていることもあって、比較的すんなりと承認してくれることが多いが、金融機関は対応に温度差がある。たとえば、A銀行は柔軟に対応してくれるが、B銀行は医療法人化後の事業計画の提出を求められるといった具合に、金融機関ごと、その支店ごと、はたまたその担当者ごとに必要な対応が違ってくる。

医療法人に借入金やリース契約を引き継ぐことが決まったのであれば、速やかに担当者に連絡を取ることはもちろん、院長等と金融機関担当者との普段のコミュニケーションの状況などについても事前にヒアリングしておく必要がある。

実例3　必要経費に算入した資産に対応する借入金

医療法人に引き継ぐことのできる借入金は、医療法人に拠出する資産を取得するための借入でなければならない。

この事例は、個人の開業時の処理の際に考慮すべきであったかなと考えさせられた事例である。

A医師は、真面目で誠実なお人柄もあって開業直後から大いに繁盛し、開業初年度から大幅な黒字であった。

開業後、最初の確定申告で医療法人について説明をしたところ、前向きに進めていきたいということで医療法人化に着手することになった。

A医師は、開業時にクリニックの内装や医療機器や電子カルテなど相応の資産取得があり、その資金のほとんどを銀行からの融資によって対応していた。

さて、医療法人化という段になり、借入金の引継ぎについて検討を進めたところ、当該借入金で取得した資産の額が初融資を受けた借入金の額よりもかなり少ないことに気付いた。

最初の確定申告の際に想定を上回る黒字であったことから開業時の設備投資のうち資産計上しないで済むものは、できるだけ消耗品費として処理したり、少額減価償却資産の取得価額の特例などを活用したりして、できるだけ必要経費に算入していた。

顛末としては

必要経費に算入し、資産計上しなかったことにより、医療法人化に際して医療法人に拠出する資産としては存在しないため借入金の一部が個人に残ってしまう結果となった。

開業した最初の年からかなりの所得であったため、確定申告に際して可能な限り税額軽減をということで工事の明細からいわゆる資産分解を丁寧に行い、消耗品費として計上できる工事を抽出したり、積極的に少額減価償却資産の取得価額の特例を活用したりして、必要経費を積み上げることに目が行ってしまったことが原因である。

しかしながら、必要経費を積み上げる処理については、所得税等の負担を考えるとあながち間違ってはいないという面もあり、今振り返ってみても確実な正解はなかったように思う。所得税等の負担を抑えることを優先すべきか、医療法人化後に個人に残ってしまう借入金を減らすことを優先すべきかということであるが、借入金の返済年数やドクターの考え方などにも拠るのであって正解を導き出すのは難しい。

開業後にあっという間に黒字化し、早い時期に医療法人化を検討することになりそうなドクターの場合には、借入金で取得した資産については、医療法人化のタイミングなどを見据えて、積極的に必要経費に計上する処理と税負担には目をつぶって資産計上し、医療法人に引き継ぐ借入金を増やす処理の両方を検討する必要があるということであろう。

実例4　医療法人化に伴う借入金の引継手続

医療法人化を決めたXクリニック。医療機器に係るY銀行からの借入金が相当程度の残高で残っており、医療法人化に伴い当該借入金を医療法人に引き継ぐ形で仮申請書を提出した。

仮申請書を提出した後、すぐにY銀行Z支店の担当者に連絡し、医療法人化に伴いY銀行の借入金を設立する医療法人に引き継ぎたい旨及び医療法人化の申請手続の提出書類として負債残高証明及び債務引継承認願への承認印が欲しい旨を依頼した。

Y銀行の担当者は、医療法人化に伴う借入金の引継ぎにあまり慣れていないようであり、しばらくの間、要領を得ないやり取りが続く。

結局、本申請書の提出まで承認印を得ることができず、都道府県担当者に経緯を説明し、承認印のある負債残高証明及び債務引継承認願の最終提出については、少し待ってもらうことになった。

顛末としては

Y銀行とのやり取りの最中に人事異動により担当者が変わってしまったことなどもあって、通常以上に手続が難航した。

最終的には、Xクリニックの院長と一緒にY銀行側に対して説明を行ったり、都道府県担当者からもY銀行側に一報を入れてもらったりすることで何とか承認を得て、無事にY銀行の承認印のある負債残高証明及び債務引継承認願の最終提出に至った。

後日、院長からの話を聞いたところによると、融資を受けて以来、Y銀行とはこれといったコミュニケーションを取ることもなく過ごしてきたという。Y銀行の担当者が不慣れだったことの影響はあるが、普段あまりコミュニケーションを取らない相手からの突然の債務引継承認願の依頼であれば、銀行側も承認に慎重にならざるを得ない面もあろう。

医療法人化の際に、借入金やリース契約を引き継ぐ場合には、院長と金融機関担当者やリース会社担当者とのコミュニケーションの深度を確認し、対応を検討する必要があると痛感した事例である。

また、都道府県担当者とのコミュニケーションの重要性を改めて認識した事例でもある。

本事例では、特にY銀行とのやり取りについて、都道府県担当者に対して密な報告を心がけた。その結果、本申請書の提出までに承認印を得られなかった事情を汲み取ってもらうことができ、負債残高証明及び債務引継承認願の最終提出の延長が可能になった。また最終的には、都道府県担当者からY銀行に一報を入れてもらったことで手続が一気に進んだのである。

医療法人化の手続に限らず、行政手続を進める際には都道府県担当者との密なコミュニケーションが大切である。

実例5 医療法人化に伴い個人に借入金が残ってしまった

個人で診療所を営んでいるA氏は、業績も安定してきたため、税理士から医療法人化を勧められた。いわゆる節税にもなるという説明も受け、医療法人化の手続を進めてもらうように税理士に依頼した。

手続については基本的に税理士に任せ、申請から半年後に無事に設立認可を受けることができた。役員には、A氏とA氏の妻、A氏の父親が就任して、役員報酬の設定も税理士に任せた。

医療法人としてスタートした後、数か月を経過したが、どうにも個人の資金繰りが苦しい。よくよく考えてみると、毎月受け取る役員報酬から、A氏個人での住宅ローンの返済に加え、医療法人化に伴いA氏個人に残ってしまった事業関係の借入金の返済を行っている。その返済負担が個人の資金繰りを圧迫しているということに気付いた。

顛末としては

この事例は、典型的な医療法人化の失敗パターンである。

確かに医療法人化することで、多くの場合は税の軽減効果が得られる（48頁参照）。実際にA氏の場合も、医療法人化の前後を比較すると、個人と医療法人を合わせた全体としては、税の軽減効果がもたらされていた。

つまり、税の観点からは医療法人化は成功と言えるのであるが、医療法人化後から個人の資金繰りが苦しくなってしまった。A氏は本当に医療法人化すべきであったのか疑問を感じている。

このように医療法人化した後に、借入金等の返済を含めて見てみると、結局のところ個人の資金繰りが苦しくなってしまう事例は後を絶たない。

医療法人化してしまった後に個人の資金繰りを改善しようとすると、基本的には役員報酬の増額といった対応を検討するしかない。しかし、役員報酬を増額するとそれに伴って個人の所得税等の負担が増加するため、せっかく医療法人化によりもたらされた税の軽減効果が縮小することになる。

医療法人化に際しては、検討段階でどうしても税の軽減効果に目が行きがちであるが、個人の借入金のうち医療法人に引き継げる借入金はどれか、個人に残ってしまう借入金はどのくらいの額か、将来の大きな支出予定（たとえば、子息の医学部進学のための学費など）など個人周りの資金繰りの変化も合わせて検討する必要がある。

また、A氏の事例では事業関係の借入金を医療法人に引き継げなかったことも問題を大きくしている。話をうかがうと、開業時に一括で借り入れた銀行ローンにおいて、医療法人に拠出する資産との明確な対応関係が説明できなかったということであったが、融資を受けた当時の関係書類や資金使途を丁寧に追いかけるなど、設立申請に先立って何かしらの工夫ができたのではないかと感じた。

不動産賃貸借契約の引継ぎ　10

第三者から不動産を賃借して医療施設を運営している場合や、自己所有の不動産で医療施設を運営しており、医療法人化後は不動産を自己所有のまま法人に対して賃貸借するという場合には、留意が必要である。

1　不動産を賃借している場合

第三者から不動産を賃借して医療施設を運営している場合には、医療法人化後も不動産賃貸借契約を継続する旨の覚書[33]の締結が必要となる。

不動産オーナーにとっては、賃貸借契約の実態が変わるわけではないので、すんなりと覚書の締結に至るケースがほとんどではあるが、中には承諾料や契約条件の見直しなどが求められる場合があるので、医療法人化を決定したのであれば、不動産オーナーへの打診は早めに行っておくべきである。

なお、転貸[34]の場合（物件の所有者と貸主が異なる場合）は、貸主の承諾だけでなく、所有者が転貸を承諾している書類（転貸承諾書等）も求められる場合があるので、不動産賃貸借契約の形態についても確認が必要となる。

2　自己所有の不動産を医療法人化後に賃貸する場合

自己所有の不動産を医療法人化後に賃貸する場合、たとえば、理事長就任予定者の所有する不動産を医療法人に賃貸するようなケースにおいては、理事長就任予定者と設立される医療法人との間で改めて不動産賃貸借契約を締結する必要がある。

なお、この場合、設定される家賃の額については、設立認可申請の際にそ

㉝　個人契約で締結している賃貸借契約書を法人化した際には、法人名に読み替えて契約を継続する旨の覚書。

㉞　ビルによっては、転貸借により借り受けているケースが多い。特に都心部の不動産は転貸借の形態が多いように思う。

の妥当性が確認される。具体的には、賃貸対象の不動産の近傍類似地の家賃相場 と比較した資料を提示し、近傍類似地の家賃相場からかけ離れていない旨の説明をすることになる。

そのほか、都道府県によっては、土地については路線価評価額の6％もしくは賃借料に係る不動産鑑定評価額、建物については固定資産税課税標準額の10％もしくは賃借料に係る不動産鑑定評価額を賃料年額の上限とするなど具体的な上限を設定して、指導しているケースもある。

実例6　転貸借により不動産を賃借している場合

A医師は、都心のビルで整形外科のクリニックを経営している。

この度、顧問税理士からの提案を受け、医療法人化することに決めた。

クリニックは、駅前のビルを賃借しており、医療法人化の申請に際して、現在の不動産賃貸借契約を医療法人に引き継ぐための覚書をオーナーにお願いしたところ、特に問題なく覚書を承認してもらえた。

その後、仮申請の手続に入ったところで県の担当者から不動産賃貸借契約は転貸借によるものではないかという指摘を受け、改めて確認したところ、確かに転貸借であった。転貸借の場合には、直接の貸主からの覚書だけでなく、元の所有者が転貸を承諾している書類（転貸承諾書）も必要となる旨の説明を受けた。

A医師は、開業時の種々の手続については、開業コンサルタントに任せていたため、不動産賃貸借契約の細かな形態までご存知なかったとのこと。当

㉟　当該物件の近隣の似たような状態（戸建てや商業ビルなど）の家賃相場、近隣の不動産業者などに相談したり、インターネットで検索したりすることで情報を得る。

方も不動産賃貸借契約について細かい内容の確認などを怠ってしまったことも要因のひとつであった。

貸主に確認し、元の所有者に転貸承諾書への押印をお願いしてもらうことになったが、詳しい事情説明などを求められ、転貸承諾書の入手に思った以上に時間を要してしまった。

顛末としては

最近は、不動産について信託受益権を設定し、信託受益権で取引されるケースも増えてきたことから、不動産賃貸借契約が複雑になっている場合もある。特に転貸借の場合には、元の所有者から転貸承諾書を入手することが求められることがあり、その手続に時間を要する場合がある。

たとえば、不動産信託において、元の所有者（受託者）が大手信託会社や信託銀行である場合においては、大きい組織であるが故に転貸借承諾書に押印するために相当程度の内部手続と時間を要することがあり、一苦労させられたこともあった。

不動産を賃貸借している場合には、必ず契約形態を確認し、転貸借の場合には元の所有者への依頼も必要になる旨を説明し、早めに依頼することを心掛けるべきである。不動産賃貸借契約の内容確認を怠ったこともあって反省させられた事例である。

不動産賃貸借契約に関する覚書（東京都）

（様式18）　　　　　　　　　　覚　　　　　書

＜記載例＞

株式会社○○不動産（以下「甲」という。）と、東　京太（以下「乙」という。）及び医療法人社団東南会設立代表者東京太（以下「丙」という。）は、甲乙間で締結した平成　年　月　日付賃貸借契約（以下「契約書」という。）に関し下記のとおり取り決めた。

記

契約書における乙の表示は、丙が東京都知事に設立申請中の医療法人が成立した日をもって「医療法人社団東南会」（理事長　東　京太、東京都千代田区丸の内三丁目５番１号　東西ビル202号（法人の住所））と読み替える。

乙が甲に差し入れている保証金について、乙は医療法人社団東南会に拠出し、保証金の返還請求権は医療法人社団東南会に引き継がれる。

賃貸借契約の連帯保証人には、医療法人が成立した日をもって○○○○が就任する。

本覚書の成立を証するため本書５通を作成し、当事者各１通を所持し、１ 通を東京都知事に提出する。

令和　　年　　月　　日

甲　東京都新宿区北新宿　丁目　番　号
株式会社○○不動産
代表取締役社長　○○　○○　㊞

乙　東京都新宿区西新宿二丁目8番1号（自宅の住所）
東　京太　㊞

丙　東京都新宿区西新宿二丁目8番1号（自宅の住所）
医療法人社団　東　南　会
設立代表者　東　京 太　㊞

連帯保証人　（住所）
（氏名）　　　　㊞

家賃の妥当性に関する説明資料（東京都）

（様式19）

近 傍 類 似 値 に つ い て

	所 在 地	月額賃料A	延べ床面積B	m^2当たりの単価 A／B
当該物件		円	m^2	円
参考物件１		円	m^2	円
参考物件２		円	m^2	円
参考物件３		円	m^2	円

※　この様式は、設立する医療法人と、その社員、役員就任予定者等（それらの親族、親族等が経営する営利法人なども含む。）が不動産賃貸借を行う場合に作成してください。

※　当該物件の単価が参考物件の単価の平均以下となるようにしてください。

（添付書類）

1　当該物件と参考物件の位置関係が分かる地図等（当該物件と参考物件をラインマーカーで明示すること。）

2　参考物件の根拠資料（住宅情報誌の写し等）

11 個人での開業実績がない場合の医療法人化

開業実績がない場合、すなわち、医療施設を開設すると同時に医療法人化できないかというご相談を受けることもある。

以前は、医療法人を設立するためには、個人開業として2年以上の実績が求められていたが、現在では、関連する通知には、「医療法人の設立を認可するに当たって、一定期間の医療施設の経営実績を要件とすることは、望ましくない[36]こと。」とされており、2年以上の実績は求められないこととなっている。

つまり、個人としての開業を経ずにいきなり医療法人を設立することも可能である。

しかしながら、あくまでも“望ましくないこと”であって、行政によっては今でも個人としての開業実績を求めるところもある。行政としては、開業実績がないことから医療法人設立の認可を与えた後の経営状況の予測が難しく、そのような不確実な状況で認可を与えることはできるだけ避けたいという事情が優先するのであろう。

したがって、開業実績なしに医療法人の設立を認めてくれる場合であっても、行政は設立しようとする医療法人が開設する医療機関を安定的に経営することができるのかどうかについて細かく、厳しい審査・確認を行うことになる。具体的には、開設する医療機関に関する設立後2年間の事業計画及び予算書を作成し、提出することが求められる。

なお、ここで提出する事業計画や予算書の数字は、具体的、かつ、合理的な根拠（裏付け）が求められるので鉛筆を舐めて作った数字では認可を得るのは難しいと考えるべきである。

また、認可に際して、本申請のギリギリまで実績のチェックが行われることを覚悟する必要がある。

㊱　厚生労働省通知　健政発第410号（昭和61年6月26日）、最終改正　医政発0325第3号（平成28年3月25日）

実例7　個人開業として2年以上の実績がない場合

A医師は、5月に個人で開業した。とある医療法人の理事に就任し、分院の院長を務めていたのだが、医療法人内の権力闘争に嫌気が差し、医療法人の理事を辞任し、院長を務めていた分院の近隣で開業した。

医療法人の権力闘争で多大なストレスを感じたものの医療法人での運営を目指し、自分の医療法人はガバナンスを利かせた先進的な医療法人にしたい、そのためのトライをしたいと考えていた。

5月の開業後、一番早いタイミングでの医療法人化を目指し、その年の8月に県に対して仮申請を行った。

県の最初の反応は、開業実績が3か月程度と短く、事業主としての確定申告も1度も行われていないことから、「提出いただかなければならない書類もたくさんありますし、実績を積まれてから法人化を検討されてはいかがでしょうか。」というものだった。

A医師としては、できるだけ早く自分の理想とする医療法人の運営を始めたいという考えであったので、県の担当者を説得し、手続の継続が決まった。

5月から開業したクリニックは、人材等の先行投資も相まって、単月赤字での推移が続いていた。ただ、申請直前には、前に院長を務めていた分院の患者が少しずつ来てくれるようになり、また、近隣企業への健康診断の営業など患者獲得のための努力を継続しており、早期の黒字化が十分に見込める状況であった。

顛末としては

開業実績が浅いことから医療法人の設立認可の審査は、かなり慎重に時間をかけて行われた。

特に予算書の数字の根拠、赤字解消の見込み、そのための施策などについては事細かな確認が行われ、矛盾点があれば容赦なく説明を求められるといったやり取りが続いた。

たとえば、県からの確認は、以下のような調子である。

「7月時点では診療所の実績は赤字ですが、徐々に赤字幅が小さくなっているので経営状態は良くなっているのでしょうか。開設後間もないので審査機関のギリギリまで実績の開示をお願いすることになります。8月、9月の実績が確定しましたら、月次試算表をお送り下さい。」

「実績では1日当たりの患者は50名程度ですが、予算書では次年度は75名、次々年度は90名となっています。次年度、次々年度の患者数増加の根拠、その要因を説明してください。根拠・要因の説明として足りない場合には、1日当たりの患者数を実績の50名として予算書を作り直して頂く必要があり、その内容によっては設立時の現金拠出額を増やして頂く必要があります。」

「次年度、次々年度の患者数の伸びの予測に対して、医薬品費、材料費などの伸びが連動していません。その根拠を教えてください。」

以上のように開業実績がない又は開業から間もない状況での医療法人化は、予算書の根拠が鍵になる。つまり、前述の通り、予算書の数字の根拠が弱いと申請の際に苦労することになるため、医療機関の担当者と綿密な打ち合わせを行い、行政からの問い合わせに自信をもって対応できるように準備を進めることが必要とされる。

設立1年目の税務 12
—概算経費特例の検討など—

1　消費税の取扱い

株式会社の場合には、資本金の額が1,000万円以上であれば、設立事業年度から消費税の納税義務が生じるが、医療法人設立後の消費税の納税義務はどのように判断されるのか。

まず、財団医療法人の場合には、株式会社の資本金に相当する出資金という概念がないことから、原則、設立後2年間は消費税の納税義務は生じない。

一方で社団医療法人の場合はどうであろうか？

平成19年4月1日以降に設立認可申請された社団医療法人も財団医療法人と同様に株式会社の資本金に相当する出資金という概念がないことから、原則、設立後2年間は消費税の納税義務は生じない。

この取扱いは、基金拠出型で設立された社団医療法人についても同様である。つまり、基金は、税務上出資ではないことに留意する必要がある（62頁参照）。

2　概算経費特例の活用

医療機関については、いわゆる概算経費の計上を認める特例がある。

具体的には、その年の社会保険診療報酬の金額が5,000万円以下であり、かつ、その者の医療機関における総収入金額が7,000万円以下であるときは、当該社会保険診療に係る費用として損金に算入する金額は、実際の経費の額にかかわらず、次に掲げる社会保険料報酬の額の区分に応じて計算された金額とすることができる。これにより、概算経費が実際の経費を上回る場合、税金を抑えることができる（制度の詳細については、130頁を参照されたい）。

社会保険診療報酬の額【A】	算式
2,500万円以下	【A】×72%
2,500万円超　3,000万円以下	【A】×70%+50万円
3,000万円超　4,000万円以下	【A】×62%+290万円
4,000万円超　5,000万円以下	【A】×57%+490万円

なお、この概算経費特例については、医療法人であっても要件を満たせば、適用を受けられる。

したがって、医療法人の設立事業年度においては、医療法人の決算日の設定次第で個人病医院時代の最後の確定申告と医療法人の最初の決算のそれぞれに概算経費特例の適用を受けることができるケースがある。

実例8　医療法人設立事業年度の概算経費

A医師は、概ね月額1,000万円程度の社会保険診療報酬が計上される診療所を運営している。この度、税理士の勧めもあって医療法人化することにした。

設立認可申請は昨年の8月に行い、今年の3月に認可が得られた。ちなみに医療法人の決算期は8月である。

医療法人として診療を開始するためには、診療報酬の切り替え手続や保健所への手続等が必要であるということなので、ゴールデンウィーク明けから手続に着手し、6月又は7月から医療法人としての診療を開始するスケジュールを思い描いている。

通常、医療法人の設立事業年度（設立年）においては、個人で診療を行う時期と医療法人で診療を行う時期が生じる。

医療法人として診療を開始する時期によるが、個人の場合は数か月分の実績で確定申告することになり、医療法人も決算期の設定によっては数か月分の実績で申告することになる。

1年の実績だと概算経費特例の要件（社会保険診療報酬5,000万円以下）を満たすことは難しくても、数か月分の実績であれば概算経費特例の要件を満たす場合がある。

加えて、概算経費特例は医療法人にも適用されるので、医療法人の決算期の設定の仕方によっては、設立事業年度は数か月分の実績で決算を組むことになり、医療法人についても概算経費特例の適用が受けられる場合がある。

本事例の場合、概ね月1,000万円の社会保険診療報酬が見込めるということであるから、思い描いている6月又は7月から医療法人としての診療を開始するというスケジュールでは個人の社会保険診療報酬が5,000万円を超えてしまう可能性がある。

顛末としては

そこで、社会保険診療報酬が5,000万円以下に留まるスケジュールを検討することにした。

また、医療法人の決算期は任意に決めることができるので、個人病医院時代の実績を勘案し、医療法人の設立事業年度についても概算経費特例の適用が受けられるような決算期の設定を検討することになる。本事例であれば、たとえば、1月～4月は個人、5月～8月は医療法人とすれば、個人、医療法人ともに概算経費特例の適用を受けることができる。

なお、医療法人で診療を開始する場合には、個人としての医療施設の廃止と医療法人としての医療施設の開設、診療報酬の切替え、従業員の社会保険など必要とされる手続は多岐にわたる。早目に保健所等とのコミュニケーションを取り、予定どおり、医療法人として診療を開始できるように準備を進めることも大切である。

月1,000万円の社会保険診療報酬が見込める診療所
（医療法人成立の日　5/1・医療法人の決算日　8/31）

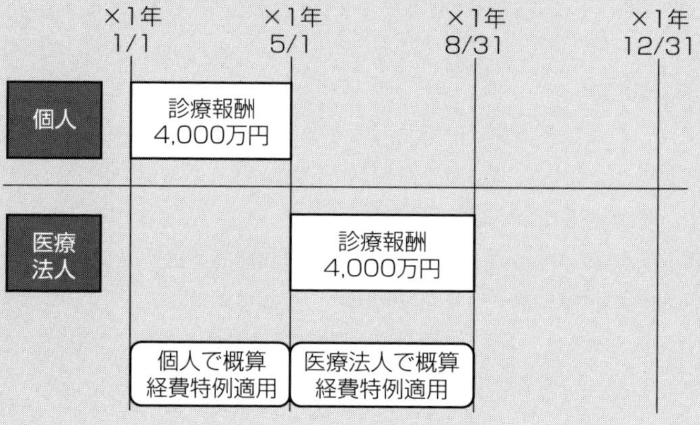

第 4 章
医療法人の運営に係る支援

　医療法人であっても、基本的には通常の一般事業会社を支援するのと大きくは変わらない。

　しかしながら、医療法人は、医療法に基づく法人であることから一般事業会社と異なる取扱いが求められる規定もある。

　たとえば、医療法人は配当が禁止されていることから配当そのものはもちろんのこと配当に類似する行為も制限を受ける場合があるなど医療法独特の取扱いにも留意しながら支援をする必要がある。

　医療法独特の取扱いは、税務にもその影響が及ぶことがあり、無視できない。

　本章では、医療法人を支援する際に気を付けるべき医療法独特の取扱いやその取扱いが税務にどのような影響を及ぼすのかを整理したい。

理事長個人と医療法人　01

　医療法人化は、一定期間、個人で病医院を経営した後に行われるのが一般的であることから、組織としての実態に大きな変化を伴うケースは少ない。そのため、ともすると個人経営時代の延長で（個人経営時代感覚そのままで）、医療法人の運営を考えてしまう理事長も多い。
　しかし、特に税務において、個人と法人では大きく異なる。医療法人化した後は、理事長に医療法人と個人とで運営感覚を変えてもらう必要がある。
　何も医療法人に限ったことではないが、特に医療法人の場合は実態が変わらないので、医療法人と家計若しくは個人的支出の分離、切り分けについて理解してもらうことが難しい。

　以下、医療法人の運営を支援するに当たって、注意が必要となる事項を中心に整理したい。なお、便宜上、前提は大多数を占める社団医療法人とする。

医療法人は同族会社か　02

1　法人税法で定義される同族会社

法人税法上、同族会社①については以下のように定義されている。

> 法人税法2条
>
> 十　同族会社　会社の株主等（その会社が自己の株式又は出資を有する場合のその会社を除く。）の3人以下並びにこれらと政令で定める特殊の関係のある個人及び法人がその会社の発行済株式又は出資（その会社が有する自己の株式又は出資を除く。）の総数又は総額の100分の50を超える数又は金額の株式又は出資を有する場合その他政令で定める場合におけるその会社をいう。（一部省略）

同族会社は、あくまでも「会社」とされているところ、医療法人は、医療法を根拠に設立される法人であり、会社ではない。したがって、法人税法で定義されている同族「会社」には該当しない。そのため、税法条文に照らし合わせると医療法人には、同族会社に関係する規定の適用はないと考えるべきであろう。

2　同族会社等の行為計算の否認との関係

法人税法には、同族会社に関する規定の代表的なものとして、「同族会社等の行為計算の否認②」がある。

---

①　医療法人が同族会社に該当するのかどうかについては議論のあるところだが、医療法人はあくまでも医療法を根拠とする法人であり、会社法を根拠とする会社ではないので、同族会社に該当しないと考えるべきであろう。
②　所得税法157条、法人税法132条。

ご存じのとおり、同族会社等の行為計算の否認は、同族会社等が行う行為又は計算についてこれを認めた場合には、その行為・計算を行った法人の法人税等の負担を不当に減少させる結果となると認められるものがあるときに適用される。俗に税務当局の伝家の宝刀などと言われている規定である。

この規定の対象のメインは「同族会社」であることから医療法人に対する適用はどう考えるべきなのか。

この点については、やはり、原則として適用はないと考えるべきであろう。課税庁側も、過去に相続税法基本通達の取扱いについて争われた事例で、「相続税法基本通達9-4《同族会社の新株引受権》は、同族会社が新株を発行する際における新株引受権に関し、贈与により取得したものとして贈与税の課税対象となる場合についての取扱いを定めたものであり、この同族会社に医療法人は含まれないため、医療法人の増資に伴って、その出資を著しく低い価額で取得した場合にはこの取扱いそのものの適用はないが、…」として、医療法人は同族会社には該当しないということを主張している部分もある(平成15年3月25日裁決・裁決事例集NO.65、743頁)。

では、同族会社でない医療法人が行うありとあらゆる行為や計算について、それが明らかに租税回避行為に繋がるものであっても否認されないのかといえば、そうとも言い切れない。

実際、同族会社でない法人の行為計算についても、否認が許されるべきという判決も存在する③。判決では、「法人税法が同族会社の行為計算の否認規定を設けたのは、同族会社の社員構成の特殊性によるものであり、同族会社にあってはとかく租税回避行為が行われがちであることから、適正な課税を行おうとする趣旨に出たものであって、非同族会社について右の如き規定がないからといって、経済的合理性を無視した不自然な行為計算をとることにより、法人税を回避軽減したこととなるような場合に、その行為計算の否認

③　広島高裁昭和43年3月27日判決。

が許されないと解すべき理由はない」と判断している。

つまり、同族会社等の行為計算の否認規定の趣旨を考えれば、医療法人が同族会社ではないからといって行為計算の否認はできないと考えるべきではないということを示唆している。

加えて、次のいずれにも該当する場合には、医療法人であっても同族会社等の行為計算の否認の対象となり得る。つまり、同族会社でないことをもって行為計算の否認の対象から完全に外れるという条文構成にはなっていないことにも留意が必要である。

① 3以上の医療施設を有すること。

② その医療施設の2分の1以上に当たるものにつき、その医療施設の院長、所長等その他のその医療施設に係る事業の主宰者又は当該主宰者の親族等の特殊の関係のある個人（以下「院長等」）が前に当該事業所において個人として事業を営んでいた事実があること。

③ ②に規定する事実がある院長等が有する医療法人の出資の数又は金額の合計額が出資総数又は総額の3分の2以上に相当すること。

医療法人が同族会社ではないということは条文上明らかであるものの、だからといって、行為計算の否認規定が適用されないとは言い切れないと個人的には考えている。この点は、法改正等によって、明確化すべきであると思う。

また、仮に同族会社ではないということをもって、経済合理性を欠く行為が容認されるわけではないので、そういった行為は厳に慎むべきであることは言うまでもない。

医療法人の役員と税務　03

1　使用人兼務役員の概念はあるか

使用人兼務役員④とは、役員のうち使用人としての職制上の地位を有し、かつ、常時使用人としての職務に従事する者をいう。

代表取締役や理事長等の法人の重要な地位を占めている者は使用人兼務役員には該当しないとされているが、医療法人の場合はどうだろうか。

(1) 分院の院長

結論を言えば、医療法人の場合にも使用人兼務役員の概念はある。具体的には、院長兼理事、たとえば分院の院長が挙げられる。医療法人が本院と分院といった具合に複数の施設を運営しているとする。

この場合、1人の者が本院と分院⑤の責任者（院長）を兼ねることはできない。したがって、分院には別の者に院長になってもらう必要がある。

院長は病院や診療所といった施設のトップであり、医療法では原則として、理事に就任しなければならないとされている。したがって、分院の院長は、院長兼理事という立場になる。

院長兼理事は前述した法人の重要な地位に該当すると考えられなくもないが、この場合の理事就任はあくまでも医療法の要請で理事に就任するだけであって、必ずしも院長＝法人の重要な地位とは限らない（医療法では院長などの管理者は理事に就任しなければならないとする一方で院長を辞した際は

---

④　使用人としての職務を有する役員とは、役員（社長、理事長その他政令で定めるものを除く）のうち、部長、課長その他法人の使用人としての職制上の地位を有し、かつ、常時使用人としての職務に従事するものをいう（法人税法34⑥）。

⑤　複数の医療機関を運営する場合は、会社で言う本社・本店を本院、支社・支店を分院という言い方をすることが多い。
　なお、個人形態で分院の開設はできず、医療法人でなければ分院の開設はできない。

連動して理事の職を失うものとされている⑥)。

したがって、院長などの管理者は医療施設における重要な地位ではあるものの、法人としての重要な地位ではない場合もあるので、使用人としての職階と捉え、使用人兼務役員として位置付けることが可能である。

もちろん、院長兼理事長の場合には、理事長は法人の重要な地位に該当することから使用人兼務役員にはなれない。

(2) 使用人兼務役員になれない者

前述のとおり、医療法人の理事長は、法人の重要な地位を占めている者として、使用人兼務役員にはなれない。

ところで、一般事業会社の場合には、同族会社の役員のうちその者が同族会社の判定の基礎となる株主グループに属し、当該株主グループの持株割合が10％を超え、かつ、その者個人の持株割合が5％を超える者についても使用人兼務役員になれないとされている。

しかし、この同族会社の持株割合による使用人兼務役員の除外規定は医療法人には適用がない。前述のとおり、医療法人は同族会社ではないためである。したがって、医療法人の理事の中に出資割合等の要件を満たす者がいるとしても、実態が伴う⑦のであれば使用人兼務役員になることは可能である。

2　みなし役員はどう考えるべきか

法人税法上の役員には、法人の取締役、執行役、監査役、理事、監事及び清算人をいうほか、法人の経営に従事している者のうち一定の要件に該当す

---

⑥　医療法46条の5第6項・7項

⑦　医療法人の場合には、たとえば、事務長として理事に就任している親族や分院の院長として理事に就任している親族については、使用人分（事務長や分院の院長）給与や賞与を区分して支給することは可能であると考える。

る者が含まれる。

この、法人の経営に従事している者のうち一定の要件に該当する者を「みなし役員[⑧]」という。ここで一定の要件とは、以下の要件をいう。

① 法人の使用人（職制上使用人としての地位のみを有する者に限る。以下②において同じ）以外の者で、その法人の経営に従事している者

② 同族会社の使用人のうち、上記1（2）で述べた使用人兼務役員とされない同族会社の役員の要件の規定中「役員」とあるのを「使用人」と読み替えた場合に持株割合等の要件を満たす者で、その会社の経営に従事している者

つまり、「みなし役員」とは、形式上役員として登記されていないが、事実上会社経営に参画している者をいう。

医療法人については、①の要件、つまり、「法人の使用人以外の者で経営に従事している」に該当する者については、みなし役員とされる可能性がある。

ただ、②の同族会社の使用人をみなし役員とする要件については、あくまでも「同族会社」の使用人が対象であることから同族会社でない医療法人については適用がないと考えるべきであろう。

3 役員報酬の決定

(1) 医療法改正前

従来、医療法人の役員報酬の決定方法については、医療法に規定がなく、

---

⑧ 法人税法上の役員の範囲は、法人の取締役、執行役、会計参与、監査役、理事、監事などに加え、これら以外の者で法人の経営に従事している者のうち一定の者とされている。この一定の者のことを「みなし役員」と呼ぶことがある（法人税法2十五・法人税法施行令7一）。

定款で定めることも求められなかったことから、株式会社に準じて、株主総会に相当する社員総会において機関決定をしていた。

しかし、社員総会による機関決定は医療法が要請する手続ではなかったことから、社員総会で決めさえすればいいのかという点には疑義があった。

(2) 改正後（理事会の承認・報告）

医療法の改正後⑨は、理事の報酬等（報酬、賞与その他の職務執行の対価として医療法人から受ける財産上の利益をいう。以下同じ）は、定款にその額を定めていないときは、社員総会の決議によって定めるとされた。

つまり、医療法において役員報酬の決定方法が明確化されたことになる。

具体的な決定方法は、次の3つとされている。

① 定款に総額を定める

定款において、「理事及び監事について、それぞれの総額が、○○円以下及び○○円以下で支給する」と定める。

② 定款に支給額そのものを定める

定款において、「理事長○円、理事○円、監事○円とする」と定める。

③ 定款に社員総会において決定する旨定める

定款に「社員総会の決議によって別に定めるところにより支給する」と定める。

(3) 役員退職金との関係

ここで報酬等の範囲については、注意が必要である。ポイントは、役員退職金が報酬等に含まれるか否かということである。

実は、退職慰労金又は弔慰金は、それが在職中における職務執行の対価として支給されるものである限り、「報酬等」に該当するとされている⑩。実務

---

⑨ 平成28年9月1日施行の医療法改正。医療法46条の6の4、一般社団財団法89条

医療法人のガバナンス　05

平成28年9月1日に施行された改正医療法によって、医療法人の役員に関する制度が大きく変わった。

ただ、医療法の条文構成などは大きく変わったのだが、改正前にははっきりしなかった部分がはっきりした（明確になった）という方が正しいのではないかと感じている。

たとえば、役員の選任や解任に関する手続は、従来の医療法では明確にされていなかったため、モデル定款やモデル寄附行為を参照し、必要に応じて行政に確認をしながら、手探りで手続を進めざるを得ない状況もあった（役員の解任に関する手続はモデル定款・モデル寄附行為にも規定が存在しなかった）。

改正前の医療法がいかにあいまいな定め方であったかということについては、当時の医療法改正に関する新旧対照表の一部（次頁）を見れば、ご理解いただけると思う。

改正により第三節に医療法人に関する機関の定めが置かれることになったが、それに対応する改正前の第三節は単に「管理」とされており、種々の機関に関する明確な定めはなかったのだ。

改正時の医療法の新旧対照表の一部

○　医療法（昭和二十三年法律第二百五号）（抄）（第一条関係）

【公布の日から起算して一年を超えない範囲内において政令で定める日施行】

（傍線の部分は改正部分）

改正案	現行
目次	目次
第一章～第五章　（略）	第一章～第五章　（略）
第六章　医療法人	第六章　医療法人
第一節・第二節　（略）	第一節・第二節　（略）
第三節　機関	第三節　管理（第四十六条の二―第五十四条）
第一款　機関の設置（第四十六条の二）	
第二款　社員総会（第四十六条の三―第四十六条の三の六）	
第三款　評議員及び評議員会（第四十六条の四―第四十六条の四の七）	
第四款　役員の選任及び解任（第四十六条の五―第四十六条の五の四）	
第五款　理事（第四十六条の六―第四十六条の六の四）	
第六款　理事会（第四十六条の七・第四十六条の七の二）	
第七款　監事（第四十六条の八―第四十六条の八の三）	
第八款　役員等の損害賠償責任（第四十七条―第四十九条の三）	
第四節　計算（第五十条―第五十四条）	
第五節　社会医療法人債（第五十四条の二―第五十四条の八）	第四節　社会医療法人債（第五十四条の二―第五十四条の八）
第六節　定款及び寄附行為の変更（第五十四条の九）	
第七節　解散及び清算（第五十五条―第五十六条の十六）	第五節　解散及び合併（第五十五条―第六十二条）
第八節　合併及び分割	

なお、主に明確にされた手続等は、以下のとおりである。

主な改正（明確化されたこと）

役員の職責⑭	・理事は、法令及び定款・寄附行為並びに社員総会・評議員会の決議を遵守し、医療法人のため忠実にその職務を行わなければならない。
	・医療法人と役員との関係は、委任⑮に関する規定に従う。
役員の選任・解任⑯	・社団医療法人の役員は、いつでも、社員総会の決議によって解任することができる。 ・社団医療法人は、出席者の３分の２（これを上回る割合を定款で定めた場合にあっては、その割合）以上の賛成があれば、社員総会の決議により監事を解任できる。
	・財団医療法人の役員が次のいずれかに該当するときは、評議員会の決議によって、その役員を解任することができる。 ①職務上の義務に違反し、又は職務を怠ったとき ②心身の故障のため、職務の執行に支障があり、又はこれに堪えないとき ・財団医療法人は、出席者の３分の２（これを上回る割合を寄附行為で定めた場合にあっては、その割合）以上の賛成があれば、評議員会の決議により監事を解任できる。

⑭　医療法46条の6の4、一般社団法人及び一般財団法人に関する法律83条（理事は、法令及び定款並びに社員総会の決議を遵守し、一般社団法人のため忠実にその職務を行わなければならない）。

⑮　民法644条：善良な管理者の注意をもって、委任事務を処理する義務を負う。

⑯　選任は医療法46条の5第2項（社団たる医療法人の役員は、社員総会の決議によって選任する）、解任は医療法46条の5の2第1項（社団たる医療法人の役員は、いつでも、社員総会の決議によって解任することができる）。

役員損害賠償	・医療法人の理事・監事・評議員は、その任務を怠ったときは、医療法人に対し損害を賠償する責任を負う。 ・医療法人の理事・監事・評議員がその職務を行うについて悪意又は重大な過失があったときは、これによって第三者に生じた損害を賠償する責任を負う。
役員の責任追及	・社団医療法人の社員は、理事又は社員の責任を追及する訴えの提起を当該社団医療法人に対して請求することができる⑰。
役員等に対する解任請求権	・理事・監事・評議員（以下「役員等」）の職務の執行に関し不正の行為又は法令若しくは定款若しくは寄附行為に違反する重大な事実があったにもかかわらず、当該役員等を解任する旨の議案が社員総会又は評議員会において否決されたときは、総社員の議決の件の10分の1以上を有する社員又は評議員は、訴えにより当該役員等の解任を請求することができる。

改正によって、医療法人が設置すべき機関の位置付けや種々の手続等が明確化されたが、細かな点においては、「一般社団法人及び一般財団法人に関する法律」の条文を読み替えることによって運用する形態になっている。

⑰　訴えを起こすように社団医療法人に請求することができる（原則として、社員が直接訴えの提起を起こす制度ではない）。

実例 1　モデル定款に沿った指導

医療法改正により改正内容に沿った定款変更が求められる。

本事例も医療法改正に沿った定款変更を行った際のこと。手続が複雑になり、法人側の負担になることを避けるため、理事会議事録の議事録署名人について、モデル定款の定めとは異なる定めを置くことで申請をした。

モデル定款との差異は以下の通りである。

モデル定款	本事例での申請
理事会に出席した理事及び監事は、前項の議事録に署名し、又は記名押印する。	理事会に出席した理事長及び監事は、前項の議事録に署名し、又は記名押印する。

理事会議事録の署名又は記名押印者について、モデル定款では「理事会に出席した理事及び監事」であることを原則としているところ、クライアントとの検討の結果、事務負担を軽減するために「理事会に出席した理事長及び監事」とした。

申請後、行政の担当者から理事会議事録の署名又は記名押印者については、モデル定款に合わせるようにという指導を受けた。指導の内容としては、理事会に出席した理事長及び監事だけの署名又は記名押印では理事会の公正な運営が担保されない恐れがあるのではないかということだった。

顛末としては

指摘を受けた当方は、既にクライアントにも説明済みであり、問題ないものとして提案していることから、大慌て。

行政の担当者に対して、以下のとおり、法律で定められている内容に沿った定めであることを説明した。

医療法	一般社団法人及び 一般財団法人に関する法律
第46条の7の2　一般社団法人及び一般財団法人に関する法律第91条から第98条まで（第91条第1項各号及び第92条第1項を除く。）の規定は、社団たる医療法人及び財団たる医療法人の理事会について準用する。	第95条 3　理事会の議事については、厚生労働省令で定めるところにより、議事録を作成し、議事録が書面をもって作成されているときは、出席した理事（定款で議事録に署名し、又は記名押印しなければならない者を当該理事会に出席した理事長とする旨の定めがある場合にあっては、当該理事長）及び監事は、これに署名し、又は記名押印しなければならない。

しかし、行政の担当者は、理事会議事録の署名人・記名押印者が理事長及び監事だけだと、議事録の記録に残らない（残さない）記録や議事が出てくる可能性があり、将来トラブルを招く可能性があるのではということであくまでもモデル定款の定めを要求してくる。

その指導に対し、当方はあくまでも法律の定めに沿った定款規定であって、この規定が認められない理由が分からず、クライアントに説明できない旨の主張をした。

それでも行政の担当者は、実際の運用は「理事会に出席した理事長及び監事」で構わないので定款の定めはモデル定款通り「理事会に出席した理事及び監事」にするようにという指導を重ねてきた。

当方としても、実際の運用で対応できるのであればと考えたが、定款の定めと実際の運用が異なると、たとえば、理事長変更などを行う際にモデル定款どおりに定めた議事録署名・記名押印者と実際の議事録署名・記名押印者が異なるため登記が通らない可能性があるので、当方としてはその指導を受け入れられない旨を説明した。

その後も何度かのやり取りがあったものの最終的には行政の担当者も納得

し、当方の申請どおりに認められた。

医療法改正によって、特に機関の定めに関しては、「医療法」と「一般社団法人及び一般財団法人に関する法律」との関係によって、些細な誤解や混乱が生じる場合がある。

行政は、公平性を担保するためにできる限りモデル定款やモデル寄附行為に沿った定めを置くように指導する場合が多いが、必要に応じて法律の定めをきちんと確認し、その指導を受け入れるかどうかを判断する必要もあろう。

社員の重要性 06

1　社員とは

社団医療法人にあっては、社員総会が必置機関⑱とされる。

社員総会を構成するのは社員であるが、ここで社員とはいわゆる従業員をいうのではなく、一般事業会社の株主に相当する地位であり、社員総会を通じて、社団医療法人の重要事項を決める際の議決権を行使できる者をいう。この社員という地位は、非常に分かりにくく説明もしにくいのだが、分かりにくくしている要因の一つが財産権との関係である。

財産権との関係で言えば、一般事業会社の株主は株式を所有することで株主たりえるのだが、社団医療法人の社員の場合には社員の立場と財産権（一般事業会社で言うところの株式）は一切関係しない。つまり、社員になれるかどうかは社員総会の承認が要件であって、財産的な要件は一切求められないのである。

したがって、社員総会の承認さえ得られれば、無出資でも社員になれる。逆に100％の出資をしていても社員総会の承認が得られなければ社員になれない。

更に、社員が社員総会において行使する議決権も一般事業会社の株主と考え方が異なる。一般事業会社の株主は所有する株式の数に応じて議決権を行使することができるが、社団医療法人の社員は1人当たり1票と決まっている。どんなに出資をしていても、全く出資をしていなくても社員1人1票である。

2　社員総会は最高意思決定機関

社員総会は社団医療法人の最高意思決定機関である。したがって、社員の

---

⑱　医療法46条の2第1項　社団たる医療法人は、社員総会、理事、理事会及び監事を置かなければならない。

構成は社団医療法人の運営にとって非常に重要な事柄である。

たとえば、モデル定款では社員総会の議決が必要な事項として、次に掲げる事項が列挙されている。

①	定款の変更
②	基本財産の設定及び処分（担保提供を含む）
③	毎事業年度の事業計画の決定又は変更
④	収支予算及び決算の決定又は変更
⑤	重要な資産の処分
⑥	借入金額の最高限度の決定
⑦	社員の入社及び除名
⑧	本社団の解散
⑨	他の医療法人との合併若しくは分割に係る契約の締結又は分割計画の決定
⑩	社員の入社・除名
⑪	役員の選任・解任
⑫	その他重要な事項

いずれの事項も社団医療法人の運営に当たって重要な事項であることはご理解いただけるものと思うが、特に⑪役員の選任・解任には社員総会の決議が必要とされている点には注意が必要である。

株式会社の場合には、株式の所有といういわば財産権に裏付けられたオーナーシップが存在するが、社団医療法人の場合には前述のとおりオーナーシップ（特定の社員1人で社団医療法人を支配するという意味でのオーナーシップ）は存在しない。どんな状況であれ、社員1人につき1票の議決権を持っているのである。

このことが思わぬ事態を招きかねない。

実例2　社員同士の関係性が悪化

医療法人社団A会を経営しているB医師の事例。

医療法人社団A会の社員構成は、B医師、B医師の妻、B医師の長女の3人であった。経営は順調であったものの、B医師のプライベートに問題があり、B医師ご夫婦間で離婚の問題が生じた。

B医師の妻、そして、長女の怒りは凄まじく、離婚調停の過程で、外部で勤務医をしていた医師でもあった長女の伝手を頼って、他の医師を招聘することの目途が立ったところで、社員総会の開催を要請し、B医師の理事長の解任決議を議題として挙げてきた。

顛末としては

妻が依頼した弁護士立ち合いのもとで社員総会が開催され、B医師の理事長の解任決議及び新理事長の就任決議が行われた。

B医師は役員退職金の支給を受け、それを元手に新しいクリニックを開設することを模索しているが、役員退職金の支給決議も社員総会であるため、支給されることは難しそうな状況である。

教訓として得られたことは、家族であっても社員の一員であり、家族を大切にしなければ思わぬしっぺ返しを受けることがある、ということである。

医療法の改正により社員総会、社員の権限が明確化された。

特に医療法で役員の解任権が社員総会にあることが明確にされた点は大きい。

一般事業会社における株主と違って、社団医療法人の社員は財産的裏付け（株式会社における出資と株式の関係）がないことから、ある意味では社員総会の承認さえ得られれば、誰でも社員になれてしまう。

また、社員１人につき議決権１票が与えられる点にも注意をしたい。

本事例のケースは、社員は家族のみである場合に起こった極端なケースではあるが、家族ですらこのような事態を招くのだから、いたずらに第三者を社員に就任させてしまうとあっという間に理事長を解任され、挙句に医療法人を追い出されてしまうこともあり得るといえる。

社員は、株式会社で言えば株主の立場ではあるが、議決権の考え方は全く違う。にもかかわらず、そのことをあまり意識せず、安易に第三者を社員に就任させたり、誰が社員なのか分からなかったり、社員名簿すら存在しなかったりと問題のある社団医療法人も意外に多い。

医療法の改正を受けて、クライアントには改めて社員の重要性についてしっかりと認識してもらうように努めるべきであろう。

医療法人と役員の取引　07

1　改正前（特別代理人の選任）

医療法人と当該医療法人の理事個人との間で利益が相反する取引を行おうとする場合には、従来は医療法人を代表する特別代理人の選任を都道府県知事に申請する必要があった。

2　改正後（理事会の承認・報告）

医療法の改正後⑲は、医療法人の理事が自己又は第三者のために医療法人との間で取引を行おうとする場合には、理事会において重要な事実を開示し、承認を受けなければならないこととされた。

その上で、実際の取引終了後、遅滞なく、取引についての重要な事実を理事会に報告しなければならない。

つまり、従来の都道府県知事による特別代理人の選任という手続から理事会という法人内部の機関承認に仕組みが大きく変わった。

この点、第三者が介在しなくなった（法人の内部自治の話になった）ので、医療法人と理事個人との間で行われる取引自体は時間をかけずに進めることが可能になったといえる。

3　留意点

たとえば、医療法人の理事長が個人で所有する不動産について、医療法人との間で売買契約や賃貸借契約を結ぶ場合には、契約締結前に理事会に重要な事実を開示し、承認を受けなければならない。

---

⑲　平成28年9月1日施行の医療法改正。医療法46条の6の4、一般社団財団法84条、92条。

なお、承認に際しては、医療法人に不利益な取引条件になっていないかどうかを理事会できちんと検証する必要がある。

仮に明らかに医療法人にとって不利である取引条件であるにもかかわらず、承認してしまった場合には、承認に賛成した理事は、損害賠償責任を負う可能性[20]もある。

4　役員の損害賠償責任

医療法の改正により、医療法人のガバナンスが強化され、医療法人や第三者に損害を与えたことが明らかになった場合には、当該役員は医療法人に対して損害賠償責任を負うことが明確化された。

具体的には、医療法において、医療法人の役員には善管注意義務（業務を委任された者の職業や専門家としての能力、社会的地位などから考えた場合に通常期待される注意義務）が課され、かつ、職務執行に当たっては忠実義務（法令及び定款・寄附行為並びに社員総会・評議員会の決議を遵守し、医療法人のため忠実にその職務を行わなければならない義務）が求められることとなった。

これらの義務に違反し、医療法人や第三者に損害を与えた場合には、損害賠償責任を負うこととされたのである。

---

⑳　平成28年9月1日施行の医療法改正。医療法47条。

医療法人の役員の損害賠償責任

	賠償対象	内容
医療法人訴訟	医療法人	医療法人の理事又は監事は、その任務を怠ったときは、当該医療法人に対し、これによって生じた損害を賠償する責任を負う（善管注意義務違反）。
社員による訴訟	社団医療法人	社員は、社団医療法人に対し(21)、書面その他の厚生労働省令で定める方法により、理事又は監事の責任を追及する訴え（「責任追及の訴え」）の提起を請求することができる。 上記の訴えの提起を受けた社団医療法人が社員からの請求があった日から60日以内に責任追及の訴えを提起しない場合には、訴えの提起の請求をした社員は、社団医療法人のために責任追及の訴えを提起することができる。
第三者訴訟	第三者	医療法人の評議員又は理事若しくは監事（役員等）がその職務を行うについて悪意又は重大な過失があったときは、当該役員等は、これによって第三者に生じた損害を賠償する責任を負う。

(21) 手続としては、いきなり社員が訴えを提起するのではなく、まずは、医療法人に対して訴えの提起をするように請求し、それに対して60日以内に医療法人が応じない場合には、社員自ら訴えの提起をするという流れになる。

理事長の個人的な支出と行政手続　08

前述のとおり、個人経営を経て医療法人化するのが通常であることから、医療法人を個人病医院の延長と考えてしまいトラブルを招く場合がある。

同族会社の場合であっても、役員への貸付けや仮払いなどが発生してしまうことがあるが、この点は、医療法人も同様である。税務上は、適正な利息等のやり取りを行うことで対応することになるが、都道府県に対して、つまり、医療法人の運営面から思わぬ問題が生じることがある（実例3参照）。

役員へ貸付けを行っている場合には、適正な利息を徴収しなければ、実際に徴収している利息と適正な利息との差額が当該役員に対する給与として課税される。

適正な利息については、その利率が貸付けを行った日の属する年の特例基準割合㉒による利率以上であれば、原則として、給与として課税されない。

そのほか、法人が当該貸付けの資金を銀行などから借り入れている場合には、その借入利率（調達金利）を基準として計算することも認められる。

実例3　役員への貸付けと行政手続

医療法人社団A会は、新規施設を開設するために、都道府県知事宛に定款変更認可申請を行うことになり、書類を整えて申請手続を行った。すると後日、担当者から直前期の決算書及び勘定科目内訳書の提出を求められた。

直前期の決算書には、理事長であるB氏への一時的な貸付金が計上されて

㉒　特例基準割合とは、各年の前々年の10月から前年の9月までの各月における銀行の新規の短期貸出約定平均金利の合計を12で除して得た割合として各年の前年の12月15日までに財務大臣が告示する割合に、年1％の割合を加算した割合をいう。令和4年における特例基準割合は1.4％。

いた。税務上適正な利息を計上し、かつ、少額ではあるが返済も行っていたものである。担当者からは、この理事長への貸付金について、内容・経緯・返済見込等を確認された。

その後、担当者からは役員への貸付金については、医療法人の適正な運営の観点から問題があるとの指摘を受けた。

指摘の具体的内容としては、医療法人が役員への貸付けを行う場合には、福利厚生制度の一環として行う必要があるが、本件は、あくまでも特定の役員への貸付けとして行われているものであり、福利厚生制度の一環とは言えないということであった。

顛末としては

担当者からは、当該貸付金について速やかに解消しない限り、新規施設の開設を認める定款変更の認可を出すことはできないという指導を受けた。

新規施設の開設準備や資金調達の観点から、時間的にも速やかに定款変更の認可を得る必要があったものの、この貸付金は速やかに解消できるという金額ではなかった。

そこで、担当者に事情を説明し、当方からは返済計画表を作成・提示し、可能な限り早期の解消に努める旨の文書を差し入れることで何とか定款変更の認可取得にこぎつけた。

医療法人と役員との取引において、税務上は適正な処理を行っているとしても、行政に対する手続で問題になってしまうことがあるという事例である。

新規施設を開設しようとする場合や移転をする場合など、医療法人の定款に変更が生じる場合には、都道府県に対して定款変更認可申請という手続が必要とされる。定款変更認可申請は都道府県にとって当該医療法人の現状を把握する絶好の機会なので、ケースによっては決算書及び勘定科目内訳書の提出を求め、その内容について確認されることがある（最近は特にその傾向が強いように感じる）。

本事例でも、決算書及び勘定科目内訳書の提出を求められ、内容について確認され、その結果、手続に影響が生じたのである。

役員への貸付けは、必ずしも全面否定されているわけではなく、制度上は、福利厚生の一環として行うことが求められる。具体的には、全役職員を対象とした貸付けに関する内部規定を設けるなどの対応が必要とされる。本事例では、そのような福利厚生制度はなかったことから、特定の役員への貸付けと判断されたわけだ。

新規施設の開設など事業意欲が旺盛で、都道府県に対する手続が頻繁に行われると思われる医療法人の場合には、医療法人と役員との取引は、税務上の問題がないからと気を緩めずに、慎重に対応する必要があると言える。

医療法人の決算手続 09

1　決算届

医療法人は、毎決算期ごとに都道府県知事に対して、決算書等を届け出なければならないとされている。

具体的には、以下に掲げる書類を会計年度終了後3か月以内に都道府県知事に届け出なければならない。

① 事業報告書
② 財産目録
③ 貸借対照表
④ 損益計算書
⑤ 監事の監査報告書㉓

上記の書類で特徴的なものは、事業報告書であろう。

事業報告書は、医療法人の名称や所在地、役員構成や医療法人が開設する施設など医療法人の基本的な情報と会計年度内に社員総会や評議員会で議決

㉓ 監事の職務は、医療法において次のように定められている（医療法46の8）。
(1) 医療法人の業務を監査すること
(2) 医療法人の財産の状況を監査すること
(3) 医療法人の業務又は財産の状況について、毎会計年度、監査報告書を作成し、当該会計年度終了後3月以内に社員総会又は理事に提出すること
(4) 監査の結果、医療法人の業務又は財産に関し不正の行為又は法令若しくは定款若しくは寄附行為に違反する重大な事実があることを発見したときは、これを都道府県知事又は社員総会若しくは評議員会に報告すること
(5) (4)の報告をするために必要があるときは、社団医療法人の場合には社員総会、財団医療法人の場合には評議員会を招集すること
(6) 理事が社員総会（社団医療法人の場合）又は評議員会（財団医療法人の場合）に提出しようとする議案等を調査し、法令等に違反し又は著しく不当な事項があると認めるときは、その調査の結果を社員総会又は評議員会に報告すること

又は同意した事項を記載する。

実務では、これらの都道府県知事への届出書類については、決算作業の一環として、税理士が作成㉔することが多い。実際には、各都道府県が公表している医療法人の運営の手引きに、これらの届出書類のフォームや各書類の作成方法、作成に際しての留意点を参照しながら作成することになる。

医療法人の税務顧問業務の依頼を受けた際には、これらの書類の作成を医療法人が行うのか、税理士が行うのか、役割分担を確認しておく必要がある。

各種届出書類と手続の流れ

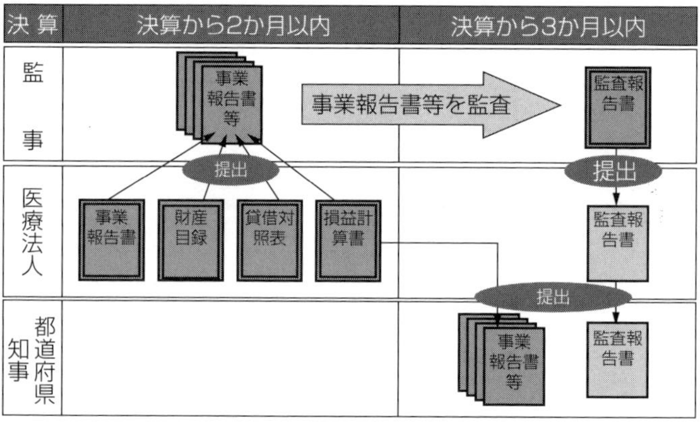

㉔　決算期ごとに都道府県知事に対して提出する事業報告書等の作成を医療機関側で行うのか、税理士が決算業務の一環として行うのかをあらかじめ顧問契約で決めておくことが後々のトラブルを防ぐことに繋がる。

事業報告書のサンプル

〔別　紙〕

様式1

事　業　報　告　書

（自　令和○○年○○日　至　令和○○年○○月○○日）

1　医療法人の概要

（1）名　　　称　　医療法人　団○○会

①　□財団　□社団（□出資持分なし　□出資持分あり）

②　□社会医療法人　□特定医療法人　□出資額限度法人
　□その他

③　□基金制度採用　□基金制度不採用

注）①から③のそれぞれの項目（③は社団のみ。）について、該当する欄の□を塗りつぶすこと。（会計年度内に変更があった場合は変更後。）

（2）事務所の所在地　○○県○○郡（市）○○町（村）○○番地

注）複数の事務所を有する場合は、主たる事務所と従たる事務所を記載すること。

（3）設立認可年月日　平成○○年○○月○○日

（4）設立登記年月日　平成○○年○○月○○日

（5）役員及び評議員

	氏　　名	備　　考
理事長	○○　○○	
理　事	○○　○○	
同	○○　○○	
同	○○　○○	○○病院管理者
同	○○　○○	○○病院管理者
同	○○　○○	○○診療所管理者
同	○○　○○	介護老人保健施設○○園管理者
監　事	○○　○○	
同	○○　○○	
評議員	○○　○○	医師（○○医師会会長）
同	○○　○○	経営有識者（○○経営コンサルタント代表会長）
同	○○　○○	医療を受ける者（○○自治会長）

注）1．社会医療法人及び特定医療法人以外の医療法人は、記載しなくても差し支えないこと。

2．理事の備考欄に、当該医療法人の開設する病院、診療所又は介護老人保健施設（医療法等第42条の指定管理者として管理する病院等を含む。）の管理者であることを記載すること。（医療法第47条第1項参照）

3．評議員の備考欄に、評議員の選任理由を記載すること。（医療法第49条の4参照）

2　事業の概要

(1) 本来業務（開設する病院、診療所又は介護老人保健施設（医療法第42条の指定管理者として管理する病院等を含む。）の業務）

種　　類	施設の名称	開　　設　　場　　所	許可病床数
病院	○○病院	○○県○○郡（市）○○町（村）、○○番地	一般病床　○○○床 療養病床　○○○床 ［医療保険　○○床］ ［介護保険 ○○○床］ 精神病床　○○床 感染症病床　○○床 結核病床　○○床
診療所	○○診療所 【○○市（町、村）から指定管理者として指定を受けて管理】	○○県○○郡（市）○○町（村）、○○番地	一般病床　○○床 療養病床　○○床 ［医療保険　○○床］ ［介護保険　○○床］
介護老人保健施設	○○園	○○県○○郡（市）○○町（村）、○○番地	入所定員　○○○名 通所定員　○○名

注）1. 地方自治法第244条の2第3項に規定する指定管理者として管理する施設については、その旨を施設の名称の下に【　　】書で記載すること。
2. 療養病床に介護保険適用病床がある場合は、医療保険適用病床と介護保険適用病床のそれぞれについて内訳を【　　】書で記載すること。
3. 介護老人保健施設の許可病床数の欄は、入所定員及び通所定員を記載すること。

(2) 附帯業務（医療法人が行う医療法第42条各号に掲げる業務）

種類又は事業名	実　施　場　所	備　　考
訪問看護ステーション○○	○○県○○郡（市）○○町（村）、○○番地	
○○在宅介護支援センター【○○市（町、村）から委託を受けて管理】	○○県○○郡（市）○○町（村）、○○番地	

注）地方公共団体から委託を受けて管理する施設については、その旨を施設の名称の下に【　　】書で記載すること。

株式会社 税務経理協会

おすすめ書籍のご案内

2022.8

租税法の潮流シリーズ〔全四巻〕

中里 実 著

租税法の潮流〔第一巻〕 ― 課税問題の変遷 ―

1970年代以降の租税法の変遷が、発表した小論や講演録を辿ることで浮かび上がる。当時の著者の関心を映す同時代レポート。

2021/4発売　6775-5　A5判並製 516頁 4,950円

租税法の潮流〔第二巻〕 ― 金融取引の課税 ―

新たな金融取引に対する租税政策の議論がどのように展開されてきたのかを追うことができる。テーマとして一貫性の高い第二巻。

2021/10発売　6810-3　A5判並製 444頁 4,950円

租税法の潮流〔第三巻〕 ― 所得課税の争点 ―

法人税や地方税ほか、現在の税制改革につながる問題点を提起したもの、理論を重視したものなど、当時の議論を見つめ直す第三巻。

2022/3発売　6863-9　A5判並製 496頁 4,950円

租税法の潮流〔第四巻〕 ― 税制改革の背景 ―

その時々の税制改革の多様なテーマについて、租税法の解釈論のみならず立法論へも踏み込んだその背景を整理する第四巻。

2022/8発売　6868-4　A5判並製 416頁 4,950円

月刊

税経通信

［毎月10日発売］

情報を読み解くための多様な視座を提供する

1946年創刊。旬な問題を的確に捉え、各分野の専門家による税務実務と税務会計戦略の解説を掲載する専門雑誌。

標準定価　2,970円

年間購読料 36,000円（臨時号も付いてお得）

※　デジタル版も好評配信中（kindle, 他）

〒161-0033　東京都新宿区下落合2-5-13

EL 03-3953-3325 ／ FAX 03-3565-3391

http://www.zeikei.co.jp

価格は10%税込定価です

必要最低限の消費税インボイス対応

売手・買手側の立場から、インボイス制度導入に向け対応しなければならないことを具体的に解説。

税理士法人　山田&パートナーズ 著

2022/7発売　6873-8　A5判並製 96頁 1,320円

24の相談事例でつかむ　相続税申告書の作成実務

相続専門税理士が導く、申告書の作成方法と相続実務対応。相続税務の論点、税額計算、納税者対応、申告書の作成ポイントを押さえる。

税理士法人 トゥモローズ 著

2022/4発売　6844-8　B5判並製 234頁 2,750円

相続に係る専門家のための遺贈寄付の実務
― 税務／法務／相談者対応 ―

10万円からできる相続の新しい選択肢。遺贈寄付に関わる専門家が寄付者の想いを確実に実現するために知っておきたい実務を解説。

三浦美樹・脇坂誠也 著　2022/6発売　6856-1　A5判並製 240頁 2,970円

海外進出の実務シリーズ　2022/6発売

シンガポールの会計・税務・法務Q&A〔第4版〕

進出企業から実際に寄せられた質問をもとに、シンガポール駐在経験の豊富な会計士・弁護士が執筆。移転価格税制等の最新情報を追加。

EY新日本有限責任監査法人 編　6854-7　A5判並製 348頁 2,860円

中国・アジア企業　2022/4発売

外資・外国人への税務支援入門

外資・外国人が税理士に求めるものは？　契約締結から申告までに必要な実務の知識とテクニックを様々な経験を踏まえて丁寧に解説。

森村　元 著　6847-9　A5判並製 244頁 2,970円

2　役員の任期

医療法人の理事、監事の任期は、2年を超えることはできないとされている。もちろん、再任は可能なので、任期が満了した後であっても、選任決議を経れば、当然に再任される。

ただ、任期満了に伴い役員全員をそのまま重任した場合であっても、都道府県知事に対する役員変更届㉕の提出が必要になる。全員重任なので、当然、役員の構成に変更はないが、全員が任期満了に伴い辞任し、選任決議を経て、全員が就任という形式での役員変更届の提出が求められる。

㉕　医療法人は、その役員に変更があったときは、新たに就任した役員の就任承諾書及び履歴書を添付して、遅滞なく、その旨を都道府県知事に届け出なければならない（医療法施行令5の13）。重任の場合であっても役員の変更に該当することから都道府県知事への届け出が必要となる。

第５章

医療機関に特有の税務

医療機関の税務と言っても、通常の個人事業や一般事業会社の税務と比べても根本的な違いがあるわけではない。

しかしながら、医療機関の収入、特に社会保険診療報酬に係る収入については、消費税と事業税において一般的な申告と異なる対応が求められる部分がある。

消費税についていえば、医療機関の収入のほとんどを占める社会保険診療報酬については消費税が非課税とされていることから課税売上が小さく、そもそも消費税の納税義務がないケースも多い（特に診療所）。消費税の納税義務が生じる場合には課税売上割合が小さいことから控除対象外消費税額等の取扱いなどに慎重な判断が必要とされる。

事業税では社会保険診療報酬に対応する所得金額について非課税とされるため独特の計算方法で事業税の所得金額を計算する必要がある。

また、医療機関は税務調査を受ける機会も多いため日頃から税務調査を意識した処理や指導が求められる。

本章では、私の今までの経験などを踏まえて、医療機関の税務支援を行う際に注意すべき点について整理を試みる。

概算経費の特例　01

1　概算経費の特例とは

開院した直後の確定申告においては、医療機関独特の税制の1つである概算経費の特例①の適用を検討することになる。また、開院の年だけでなく、軌道に乗るまで（社会保険診療報酬収入が5,000万円以下である間）は、概算経費の特例を適用した方が有利かどうかを検討しなければならない。

概算経費の特例とは、医療機関の収入のうち社会保険診療報酬については、その年分の社会保険診療報酬の金額が5,000万円以下であり、かつ、総収入金額が7,000万円以下である場合には、概算で計算した経費（以下「概算経費」）と実額経費のいずれか有利な方を適用することができるという制度である。

概算経費の特例は、社会保険診療報酬に係る収入が5,000万円以下であることが適用の要件であることから、一般的に、適用を受けられるのは、開業後1～2年であることが多い。開業してから2年程度で社会保険診療報酬に係る収入が5,000万円を超えてくるのが一般的だからである。

その後、再び、概算経費の特例を検討することになるのは、イレギュラーなことがない限り、医療法人化した時ということになるが、この点は、91頁を参照されたい。

なお、概算経費は、以下の速算表に基づいて計算される。

---

① 租税特別措置法26条

概算経費の速算表

社会保険診療報酬の金額	概算経費の金額
2,500万円以下	社会保険診療報酬の金額×72%
2,500万円超 3,000万円以下	社会保険診療報酬の金額×70% +50万円
3,000万円超 4,000万円以下	社会保険診療報酬の金額×62% +290万円
4,000万円超 5,000万円以下	社会保険診療報酬の金額×57% +490万円

2　概算経費の検討

昨年の途中で開院し、今回初めて事業所得の確定申告を行うことになったA氏の例を考えてみよう。A氏は、内科のクリニックを開院しているものとする。

昨年の診療報酬と必要経費の内訳は以下のとおりである。

（単位：円）

収入	社会保険診療報酬収入	30,000,000
	自由診療収入	10,000,000
必要経費	必要経費（合計）	20,000,000
	必要経費のうち自由診療に係る部分	1,000,000

(1) 実額経費の額を計算する

①　必要経費を区分する

まずは、必要経費のうち自由診療に係る金額を抽出する。具体的には、明確に自由診療に係る必要経費として区分できる経費を個別に抽出して、残額を社会保険診療と自由診療に共通する経費（以下「共通経費」）として区分する。

② 共通経費を按分する

区分した共通経費[②]を社会保険診療に係る金額と自由診療に係る金額に区分する。実際には、延患者数の割合や収入の割合等を基準として区分することになる。本ケースでは、収入の割合で区分する。

なお、収入の割合を基準に区分する場合には、診療科目に応じて、収入で計算した割合に以下の調整率を乗ずる必要がある。

診療科目	調整率
眼科・外科・整形外科	80%
産婦人科・歯科	75%
上記以外（美容整形を除く）	85%

これは、同一の原価によって診療が行われたものとした場合であっても、自由診療の方が社会保険診療よりも単価が高いことを考慮するためである。

（共通経費の抽出）

20,000,000円－1,000,000円（自由診療に係る部分）＝19,000,000円

（収入を基準に区分した自由診療部分の割合）

$$\frac{10{,}000{,}000\text{円（自由診療収入）}}{40{,}000{,}000\text{円（総収入）}} \times 85\,\% = 21.25\,\%$$

（必要経費のうち自由診療部分を区分）

19,000,000円×21.25％＝4,037,500円

② 医療機関の場合には、区分することが難しいので経費のほとんどが共通経費になる。

（自由診療部分の必要経費）

1,000,000円＋4,037,500円＝5,037,500円

（社会保険診療報酬部分の必要経費）

20,000,000円－5,037,500円＝14,962,500円

共通経費を区分する手順

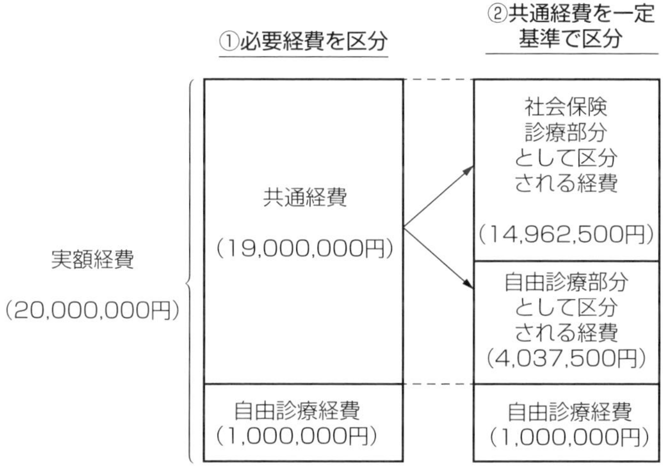

（2）概算経費の額を計算する

131頁の速算表に基づいて、概算経費の額を計算する。本ケースは、社会保険診療報酬の額が3,000万円であることから、社会保険診療報酬に対応する概算経費の額は以下のように計算される。

3,000万円×70％＋50万円＝2,150万円

（3）実額経費と概算経費の比較を行う

以上の検証を経て、実額経費で計算した場合と概算経費の適用を受けた計

算した場合の比較を行う。本ケースにおいては、以下のように比較できる。

		社会保険診療	自由診療	合計
実額経費	収入	30,000,000	10,000,000	40,000,000
	必要経費等	14,962,500	5,037,500	20,000,000
	(差引)	15,037,500	4,962,500	20,000,000
概算経費	収入	30,000,000	10,000,000	40,000,000
	必要経費等	21,500,000	5,037,500	26,537,500
	(差引)	8,500,000	4,962,500	13,462,500

※青色申告特別控除前での比較とする。

比較の結果、概算経費の適用を受けた方が有利になることが分かる。社会保険診療に係る実額経費と概算経費の差額（21,500,000円－14,962,500円＝6,537,500円）については、青色申告決算書の1頁の右下に記載することになる。

3　概算経費の特例の効果

概算経費の特例により、実際に支出した金額よりも多めの経費が認められる（実際にキャッシュアウトしていない経費が認められる）ことになる。

したがって、キャッシュフローの面から言えば、概算経費として認められた経費の分、所得税等が軽減され、税引後の手取の金額が多くなり、開院直後の資金繰りに寄与することが見込まれる。

年間の社会保険診療報酬が5,000万円を少し超えることが予想される場合には、休診等の調整を行い、あえて概算経費の特例の適用を受けた方が有利になる場合もあるので、開院年及びその後数年については、概算経費の特例を常に意識して支援することが大切と言える。

措置法差額の記載例

備金等 入額等	㊵	
	㊶	
計	㊷	
青色申告特別控除前の所得金額（㉝＋㊲－㊷）	㊸	20000000
青色申告特別控除額	㊹	650000
所得金額（⑬－⑭）	㊺	12812500

◉青色申告特別控除については、「決算の手引き」の『青色申告特別控除』の項を読んでください。

措置法差額 6,537,500円

◉下の欄には、書かないでください。

⑼①		⑼⑤	
⑼②		⑼⑥	
⑼③		⑼⑦	
Ⓐ ⑼④		⑼⑧	

産業医や嘱託医としての報酬　02

ドクターには、自分自身の医療機関からの収入のほかに、ドクター個人に支払われる収入がある場合も多い。たとえば、製薬会社からの原稿料や産業医、嘱託医③として受ける報酬、休日診療手当④（休日に当番で診療した場合）などが挙げられる。確定申告の際には、これらの収入の所得区分にも注意が必要である。

製薬会社からの原稿料等は、支払調書が発行されるので、原則は雑所得に区分される。

一方、産業医や嘱託医として受け取る報酬や休日診療手当については、判断の難しいところである。この点、判断の基準が明確に示されているわけではないが、1つの判断基準としては、ドクター自身がどこで診察を行うかということがある。

ドクター自身がしかるべき場所（たとえば、市が運営する休日診療所など）に出向いて、診察をすることで受け取る報酬については、給与所得に区分され、ドクター自身が直接出向くのではなく、自身の医療機関で診察等を行うことにより受け取る報酬については、事業に付随する所得として事業所得に区分される。

---

③　産業医とは、企業等において労働者の健康管理等を行う医師をいう（労働安全衛生法13）。産業医は、一定の資格のある医師でなければならないこととされている。嘱託医も要は産業医。嘱託医は、月1回企業等に出向くなど、いわゆる非常勤の産業医という位置づけになる。

④　地域の医師会が主導して休日や夜間の急な患者に対応するため、当番制で休日夜間診療が行われていることが多い。次の日曜日の休日診療に対応してくれる診療所はどこかといった情報は医師会のホームページで案内されている。

個人病医院における青色事業専従者給与　03

同一生計の親族、たとえば、配偶者へ給与を支払う場合は、青色事業専従者給与⑤を検討することになる。青色事業専従者給与については、当然のことながら、従事状況に見合った給与の金額であるかどうかが問題となる。

医療機関の場合には、青色事業専従者たる親族が医療関連職種の資格を持っている場合も多い。たとえば、配偶者が看護師であったり、薬剤師であったりする場合である。

このような青色事業専従者に対する給与の金額は、看護師であること、薬剤師であることを考慮し、通常の青色事業専従者給与よりも高めに給与の金額を設定することも検討できる。もちろん、高めの設定を検討するに際しては、専従者が病医院の業務にきちんと（相応に）従事していることが前提であることはいうまでもない。

青色事業専従者給与の支給額に客観性を持たせるために人事院から毎年公表されている「職種別民間給与実態調査⑥」や厚生労働省から毎年公表され

---

⑤　生計を一にしている配偶者やその他の親族に支払われる給与は、原則として必要経費にはならないが、一定の場合には必要経費に算入することが認められる（所得税法56、57）。

一定の場合の1つが青色事業専従者給与である。

青色事業専従者給与として必要経費に算入が認められるには、以下の要件を満たす必要がある。

(1) 青色事業専従者に支払われた給与であること。

青色事業専従者とは、

(イ)　青色申告者と生計を一にする配偶者その他の親族であること。

(ロ)　その年の12月31日現在で年齢が15歳以上であること。

(ハ)　その年を通じて原則として6月を超える期間、その青色申告者の営む事業に専ら従事していること。

(2)「青色事業専従者給与に関する届出書」を納税地の所轄税務署長に提出していること。

(3) 届出書に記載されている方法により支払われ、しかもその記載されている金額の範囲内で支払われたものであること。

(4) 青色事業専従者給与の額は、労務の対価として相当であると認められる金額であること。

⑥　国家公務員及び地方公務員の給与を民間の従業員の給与と比較検討するための基礎資料の作成を目的として行われる調査。毎年4月分の給与を調査対象として行われる。

ている「賃金構造基本統計調査」を参考にすることも考えられる。

もちろん、看護師で、かつ、クリニックの事務長⑦の役割も担っているような場合には、看護師としての給与に事務長としての給与を加味して支給額とすることになるであろう。

賃金構造基本統計調査の抜粋（令和3年）

区分	10~99人							
	年齢	勤続年数	所定内実労働時間数	超過実労働時間数	きまって支給する現金給与額	所定内給与額	年間賞与その他特別給与額	労働者数
	歳	年	時間	時間	千円	千円	千円	十人
看護師	46.1	8.2	162	5	314.3	298.7	632.3	10,525
～19歳	—	—	—	—	—	—	—	—
20～24歳	23.4	1.0	168	4	271.5	256.4	135.9	235
25～29歳	27.4	2.1	164	4	296.0	283.4	340.7	1,064
30～34歳	32.5	4.1	163	3	284.4	276.7	491.3	1,036
35～39歳	37.4	6.1	160	4	307.3	293.1	591.5	920
40～44歳	42.8	7.0	161	7	325.1	305.4	706.6	1,200
45～49歳	47.4	8.0	161	6	330.2	311.9	734.5	1,725
50～54歳	52.5	9.7	162	6	328.4	308.2	743.2	1,678
55～59歳	57.5	12.5	163	4	332.7	317.4	776.3	1,480
60～64歳	62.1	13.6	165	4	299.2	287.6	615.0	762
65～69歳	66.8	13.7	160	6	285.5	269.5	562.1	318
70歳～	73.9	18.7	154	1	277.4	275.9	454.2	106
准看護師	51.5	11.4	162	5	286.3	270.0	579.5	4,736
～19歳	—	—	—	—	—	—	—	—
20～24歳	22.7	2.1	167	1	210.1	197.4	374.2	47
25～29歳	27.7	2.3	167	8	258.0	235.7	317.4	210
30～34歳	32.6	6.3	166	1	239.8	234.6	420.8	148
35～39歳	38.2	5.7	163	2	273.5	257.1	465.8	330
40～44歳	42.8	8.1	163	5	289.2	269.8	544.6	475
45～49歳	47.7	11.6	155	5	310.7	295.5	638.1	701
50～54歳	52.6	11.4	160	5	305.4	286.5	639.0	839
55～59歳	57.6	13.3	164	6	297.1	278.3	720.4	864
60～64歳	62.0	15.0	164	3	267.5	254.8	598.2	763
65～69歳	67.5	16.2	167	6	269.0	257.1	299.8	263
70歳～	72.2	16.8	160	3	240.5	228.8	459.7	95

⑦　医療機関はドクターを中心とした医療従事者が組織の中心であるが、事務の中心的役割を担うポジションのことを一般的には事務長という。事務長は、医療事務・人事・経理・総務といった医療機関の事務のほとんどをつかさどることになる。

MS法人　04

1　MS法人とは

経営が安定してくるとMS法人の設立を検討することもある。MS法人とはメディカルサービス法人⑧の略称であって、特別な法人というわけではなく法形式的には単なる会社である。

MS法人の主な目的は、MS法人との取引を通じて、医療法人の所得の分散を図ることなので、MS法人が医療法人に対して種々のサービスを提供し、医療法人がその対価をMS法人に支払うという取引形態になる。

MS法人が医療法人に対して提供するサービスとしては、以下のようなものが挙げられる。

①　病医院不動産の賃貸・管理
②　医療材料の販売や医療機器の販売・賃貸
③　院内の売店の運営
④　院内給食や院内清掃の受託
⑤　医療事務、経理事務等の受託
⑥　保険請求事務・病医院経理事務等の医療事務の請負

なお、医療機器の販売や賃貸を行おうとする場合には、医薬品医療機器等法⑨との関係で、販売や賃貸を行う前に一定の届出や許可が必要となる場合がある。また、人材派遣業のサービスを行うのであれば、やはり、労働者派遣事業の許可⑩を受けるか届出をしなければならない。

---

⑧　メディカルサービス法人は、医療法人化をきっかけに設立されるケースが多い。一般的にはグループ内の医療機関との取引が中心であるが、中には積極的に介護事業への進出などグループ外取引を行っているメディカルサービス法人もある。

⑨　医薬品、医療機器等の品質、有効性及び安全性の確保等に関する法律

2　MS法人と医療法

前述のとおり、MS法人は、法形式上は単なる会社なので設立自体は難しいことはない。しかし、医療法の観点から留意しなければならない点がある。

(1) 医療法人とMS法人の役員の兼務

医療法人の非営利性を担保する[⑪]という趣旨から医療法人の役員とMS法人の役員を兼務することは原則として認められていない。したがって、多くの場合、理事長の配偶者など親族にMS法人の社長に就任してもらうことになる。

(2) 配当類似行為

MS法人を株式会社で設立した場合には配当が可能である。

しかし、ほとんどの場合、MS法人の配当の原資は医療法人からMS法人に対して支払われる対価であることから、MS法人を通じた医療法人からの配当とみなされる場合もある。したがって、医療法人とMS法人との間で行われる取引価格についてはその妥当性をきちんと説明できるように準備しておくべきである。

たとえば、同種の取引について第三者から見積もりを入手し、MS法人と

---

⑩　労働者派遣事業とは、自己の雇用する労働者を、当該雇用関係の下に、かつ、他人の指揮命令を受けて、当該他人のために労働に従事させることをいい、当該他人に対し当該労働者を当該他人に雇用させることを約してするものを含まないものを業として行うことをいう（労働者派遣事業の適正な運営の確保及び派遣労働者の保護等に関する法律2）。

⑪　医療法においては、営利を目的として病院等を開設しようとする者に対しては、病院等の開設許可を与えないことができると定め、医療の非営利性を担保している（医療法7⑥）。医療法人が病院等を開設する場合も同様である。

の取引価格の基準とするなどの対応が考えられる。

MS法人を通じた配当類似行為

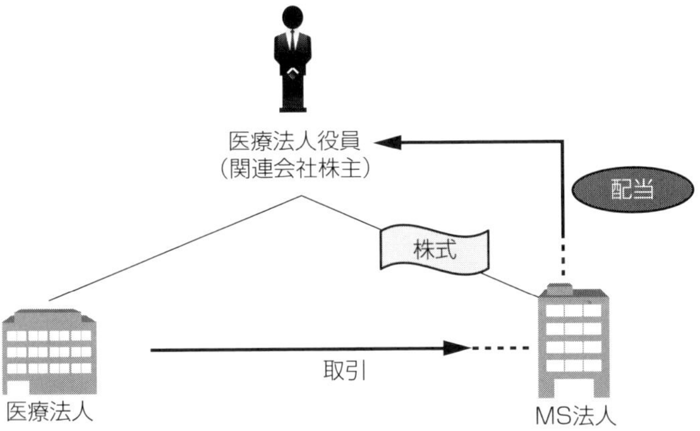

3　税務上の留意点

医療法人とMS法人との間の取引は、身内同士、つまり同族間の取引に該当することから医療法人と並んで税務調査の対象になりやすい。税務調査では、多くの場合、MS法人の実在性や医療法人との間の取引価格の妥当性⑫が問われることになる。

MS法人は、いわゆるトンネル会社として見られやすいので、少なくとも以下の点に留意し、実在性に疑義が生じないようにすべきであろう。

①　従業員はMS法人で直接雇用し、従業員の社会保険についてはMS法人

⑫　取引価格の妥当性を説明するには色々な考え方や方法があるが、たとえば、第三者からの見積もりを入手し、価格設定の根拠とするなどの対応が考えられる。

で加入する

② MS法人の事務所については、医療施設とは別の場所に置く

③ 医療法人との間で資金融通（金銭のやり取り）を頻繁に行わない

④ 種々の取引について、きちんと契約書を締結しておく

⑤ 第三者との取引（外部への売上）を積極的に行うようにする

実例1 MS法人の税務調査

医療法人社団A会は、理事長の親族が全額を出資しているB社との間で医療施設の業務に関する請負契約を締結している。

B社との間では、以下の業務の請負について契約を締結している。

① 病院の電話や受付、患者、見舞客の案内業務

② 電算関係の入力業務

③ 請求書・領収書等経理関係の書類整理

④ 保険請求業務、患者負担分の請求業務及びその管理

⑤ 銀行等への入出金業務、会計・経理業務等

⑥ 不動産の管理

⑦ 病院の車両運転及び管理

⑧ 駐車場管理

⑨ 院内の営繕、院内の清掃、クリーニング

⑩ 上記に付帯する一切の業務

ある日、医療法人を対象に税務調査が行われ、医療法人社団A会からMS法人であるB社に支払われている業務請負に係る外注費の水準が問題視された。

税務署側は、本件請負業務は実質的には人材派遣業務であるとし、第三者

間で取引されるものとした場合の人材派遣業に係る倍率（外注費を派遣されている人材の人件費で割ったもの）から算定した外注費に比べて著しく高額であると指摘してきた。

当方は、B社との間で契約している業務内容は、単純な人材派遣ではなく、医療行為以外の医療施設の運営に係る業務全般を請け負ってもらう業務であって、単純な人材派遣業として外注費と比較するのはおかしい旨の主張をした。

顛末としては

ポイントは、業務内容が単純な人材派遣であるか否かということである。この点については、契約書内に、B社が業務を提供するに当たり、派遣従業員に係る賃金以外に賃金等の3～5割程度の水道光熱費や備品消耗品費等の費用を負担することになっている。

つまり、医療行為以外の医療施設の運営に係る業務全般を遂行するために必要な役務の提供及び諸費用の負担をしていることから、単純な人材派遣業ではなく業務全般を請け負っているものと考えるのが相当であるとされ、税務署側が採用した単純な人材派遣業との比較は合理性が認められないと判断された。

本事例は、MS法人に支払った外注費の額が著しく高額であるものとして、同族会社の行為計算否認を適用してなされた更正処分について争われた裁決事例を少しアレンジしたものである。MS法人との取引の調査のポイントは、

① MS法人の実体があるかどうか

② 取引の条件が第三者との間で行われる通常の取引の条件と照らし合わせて大きくかけ離れていないか

という点が確認される。

税務調査での指摘に備えて、医療法人とMS法人との間で提供される業務内容を細かく契約書に織り込み、かつ、その契約書に沿った実体を伴うサービス提供を行うようにすべきであると言える。

4　MS法人と消費税

多くの医療法人で活用されているMS法人であるが、消費税率の引き上げ⑬によって、その存在意義が問われている。

たとえば、MS法人が事務職員を雇用し、医療法人から事務部門の業務委託を受けている場合を考えてみる。業務委託料として年間4,400万円のやり取りがあるものとする。

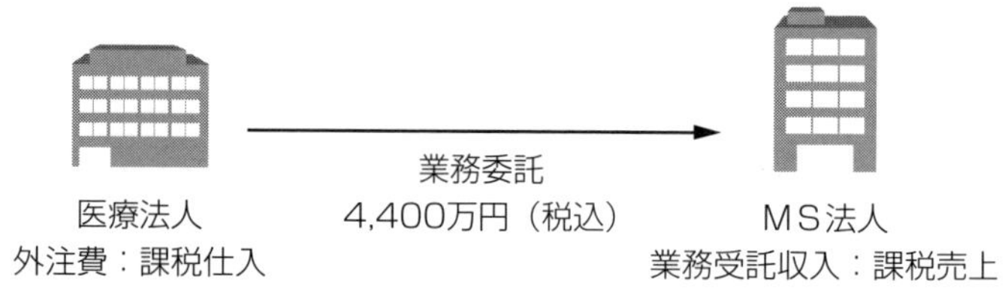

まず、医療法人の立場で消費税負担を考えてみる。

MS法人へ業務委託することで外注費の支払いが発生し、外注費に係る消費税額400万円×課税売上割合の分だけ仕入税額控除が生じる。仮に課税売上割合を10％とした場合には、400万円×10％＝40万円の仕入税額控除額が発生する。

もし、事務職員を医療法人自ら雇用している場合には、事務職員に係る経費は給料手当等で非課税仕入となり、仕入税額控除はないので、医療法人単体で見れば、40万円、すなわち、外注費に係る消費税額×課税売上割合の分

⑬　2019年10月に消費税率は10％（消費税7.8％・地方消費税2.2％）に引き上げられた。

だけ消費税が軽減されることになる。

次にMS法人の立場で消費税負担を考えよう。

医療法人から業務委託を受けることで業務受託料収入が発生する。業務受託料収入は課税売上となる。

一方、MS法人で雇用している事務職員に係る経費は給与手当等で非課税仕入となるので仕入税額控除はなく、医療法人から預かった消費税額400万円をそのまま納付することになる。

つまり、MS法人を含めたグループ全体で見た場合の消費税負担は以下のように整理できる。

医療法人とMS法人の消費税負担

	医療法人	MS法人	グループ負担
業務委託なし	—	—	—
業務委託あり	仕入税額控除 ▲40万円	納付消費税額 400万円	360万円 負担増

その他、MS法人が不動産を所有し、医療法人に貸し付ける場合であっても、医療法人側は、MS法人に支払う家賃に係る消費税×課税売上割合の分だけ消費税が軽減されるものの、MS法人側は家賃に係る消費税額のほぼ全額を負担することになる（建物に係る課税仕入れは、修繕費など限定的であって、固定資産税や減価償却費は課税仕入れにならない）。

消費税率の引き上げを受けて消費税負担の観点からMS法人との取引の見直し、ひいてはMS法人の活用そのものを見直す[14]必要に迫られるケースも

⑭　消費税率の引き上げを受けて消費税負担を抑えるためにMS法人との取引を見直す動きが強まっている。たとえば、MS法人が病院不動産を所有し、医療法人に賃貸していたが、医療法人で当該不動産を買い取ることで家賃のやり取りを止めてしまうことなどが行われている。

出てきている。

なお、医療機関の消費税の特徴については、189頁を参照していただきたい。

税務調査　05

　医療機関は、課税所得が高くなる傾向にあることから税務調査の重点業種とみられている。よって、調査の頻度は高いと考えるべきであり、私も実際にそう感じている。

　しかし、前述したように、医療機関の収入・支出の流れは、シンプルである（36頁参照）。

　収入について言えば、患者からの窓口負担金の入金と審査支払機関等からの振込による入金しかない。後者の振込による入金については、医療機関の請求に応じて審査支払機関等から一方的に振り込まれる収入であって、誤魔化しようがない。

　したがって、医療機関の税務調査は、とりわけ、患者からの窓口負担金の入金の流れを中心に行われる傾向が強い。

　一方の支出については、やはり、交際費・会議費の類が注目されやすい。ドクターはお付き合いの対象が広いので、交際費等の支出が多くなることもあり、その内容の妥当性などが確認される。

　以下、医療機関の税務調査で留意すべき点を整理する。

1　窓口負担金の入金の流れの確認

　多くの場合、調査の最初に、窓口負担金の入金の流れが確認される。具体的には、窓口負担金が患者の財布から最終的に入金処理されるまでどのような流れを経るのかについて、しっかりと確認される。

　その際、受付の担当者と一緒に、レジロール⑮や窓口入金の記録など窓口負担金の流れを説明するための一連の資料を提示し、調査官に説明する。

　その後、いくつかのサンプルチェック⑯（不特定の日付を抽出し、正確に

---

⑮　簡単に言えば、レシートとなる用紙。レジで会計した内容がレジロールに記録される。医療機関では、患者が負担する自己負担分のやり取りが記録されるので、税務調査ではレジロールの控を確認されることが多い。

収入計上がされているかどうか）が行われることが多い。

収入の計上漏れ（収入除外）の可能性があるとすれば直に現金を扱う窓口負担金の部分、という視点なのであろう。実際、窓口負担金の流れのチェックは相当程度時間をかけて行われる傾向がある。

よって、窓口負担金の流れについての透明度を高めるために、その日の窓口入金額をそのまま銀行口座に入金・記帳し、小口支払は、小口専用の金庫を設け、窓口負担金のレジと混在させない流れにしておくことが効果的である。

窓口負担金の透明化（例）

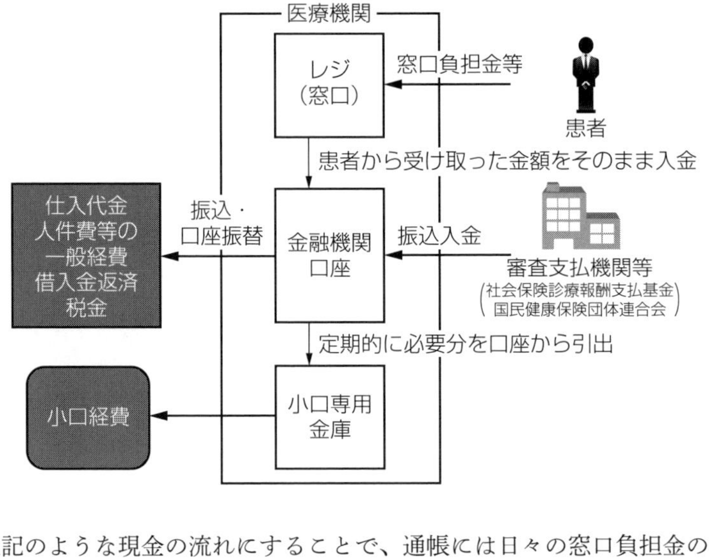

上記のような現金の流れにすることで、通帳には日々の窓口負担金の収入

⑯　税務調査においては、すべての日付のレジロールを追いかけるのは、時間的・物理的に不可能なので他の日よりも大きな金額のやり取りが記録されている日などをピックアップして確認されることになる。

額が記帳されることになり、かつ小口現金との混在がなくなることで透明度が高まり、税務調査の際の説明がスムーズになる。

受付事務の担当者の負担が増えるかもしれないが、一度流れができてしまうと、日々の現金を合わせやすいなどの効果もあって定着しやすい。

2　収入計上時期の確認（いわゆる「期ズレ」）

では、振込収入は税務調査では問題にならないか、というとそういうわけでもない。確かに期中の振込収入は、医療機関の請求に基づいて粛々と振込がされるので、その内容が問題になることはない。が、決算において未収入金（売掛金）として計上している請求額が正しいものかどうか、計上すべき収入が翌年（翌期）に計上されていないかという、いわゆる「期ズレ⑰」については、確認されることが多い。

実例2　月またぎの入院自己負担金の計上時期

個人で病院を経営しているクライアントが税務調査を受けた。調査では、患者からの自己負担金の流れについてかなり時間をかけて確認された。

そんな中、調査官が問題にしたのは、入院患者の自己負担金の取扱いであった。

この病院では、入院患者の自己負担金について、毎月15日を締め日として、請求金額を患者に請求するルールが運用されており、決算直前の12月16日

⑰　当期で売上計上すべき金額が翌期に売上計上されているなど、計上すべき期がずれているということで期ズレと言うことがある。

～1月15日までの自己負担金については、1月16日に1月31日を入金期限とした請求が行われていた。

この請求については、翌年1月16日に請求額を収入計上していたが、調査官からは、12月16日～12月31日までの自己負担金については、決算において計上すべきではないかという指摘を受けた。

当方の経理処理と調査官の指摘

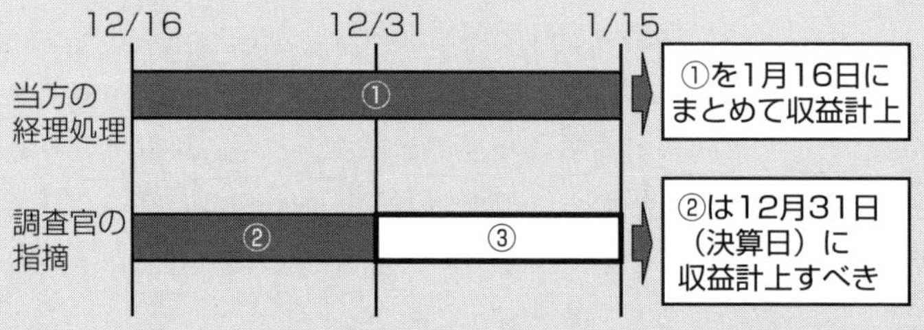

顛末としては

入院に伴う自己負担金の請求が決算日をまたぐ場合の収益計上に関する事例である。前述のとおり、医療機関の収入は比較的明快なので、収入の内容よりもこういったいわゆる期ズレについて確認されることが多い。

医療収益の計上時期は、実際に診療行為が終了した時点となる。本事例のような入院に伴う自己負担金であっても、入院日1日をもって診療行為が終了している（医療機関として診療報酬を審査支払機関に請求できる）ことから、日々収益計上すべきとなる。

実際の調査では、決算日をまたぐ自己負担金の年内分については、決算で収益計上するようにという指導で収まったが、正しい処理としては、年内分の自己負担金については、未収金を立てて、収益計上すべきであった。

本事例は、入院に伴う自己負担金の請求ルールをきちんと確認していなかったことが大きな原因である。経理の担当者と請求ルールについてきちんと確認しておけば防げたミスと言える。

医療機関、特に病院の場合には、請求ルール等についてきちんと確認し、経理の担当者と連携して、正しい経理処理が行われるように努めたい。

実例3　決算における保険未収金の計上

税務調査で決算における保険未収金、具体的には2か月分の社会保険診療報酬の計上について指摘を受けた事例である。

診療報酬は、診察月の翌月10日までに支払審査機関に請求し、診察月の翌々月の中旬以降に入金される⑱。したがって、3月決算の場合には、2月診療分と3月診療分のうち支払審査機関から振り込まれる金額は未収金として計上することになる。

当該医療法人についても3月決算であることから、未収金部分を保険未収金として計上していた。

ここまでは問題なかったが、調査では計上した金額について疑義が生じた。

診療報酬のうち支払審査機関に請求した金額については、その後支払審査機関側で審査を受け、最終的に振り込まれる。この審査の過程で不備や請求内容の誤りがある場合には、その分の金額は支払われずに差し引かれた金額が振り込まれることになる⑲。

当初の請求額と返戻額、最終的に入金された決定額を整理すると次のようになる。

---

⑱　36頁参照
⑲　これを返戻という。返戻を受けた医療機関は不備や誤りを修正し、改めて再請求することになる。

	2月分	3月分	合計
①請求額	39,958,752	40,345,892	80,304,644
②返戻額	▲223,458	▲331,428	▲554,886
③決定額（①－②）	39,735,294	40,014,464	79,749,758

当該法人は決算に際して、過去からずっと②返戻額を控除した③決定額（実際に入金される額）を保険未収金として計上していた。

顛末としては

医療機関の決算に際して、このように決定額をもって未収計上するという処理は誤りであるが、往々にして行われている。顧問契約の変更でクライアントを引き継いだときによく見かける処理である。

税務調査では、保険未収金として計上すべき金額について、実際に診療行為が終わっている（役務の提供が完了している）のであるから、③決定額ではなく、①請求額であるべきではないかという指摘を受けることになる。

返戻額が小さいクリニックであれば、さほど問題視されることはないかもしれないが、病院であればそれなりの返戻額になることもあり、無視できない。

法人税法の規定では、売上の計上基準について役務の提供の日の属する事業年度に計上する[20]とされており、返戻額の有無にかかわらず診療行為という役務の提供そのものは完了しているのであるから、請求額で計上すべきということになる。

⑳　内国法人の資産の販売若しくは譲渡又は役務の提供（以下この条において「資産の販売等」という）に係る収益の額は、別段の定めがあるものを除き、その資産の販売等に係る目的物の引渡し又は役務の提供の日の属する事業年度の所得の金額の計算上、益金の額に算入する（法人税法22の2①）。

また、返戻額の大半は返戻が確定した月に不備等を修正し、改めて再請求することになるので、最初に請求した時点で売上としては実現していると考えるべきであり、やはり請求額で計上するのが妥当である。

最終的に入金される金額が決定するのが約2か月後であることからどうしても入金額を待って、その金額で未収を計上したくなってしまうが、税務上の売上計上基準に照らし合わせれば、一旦は請求した金額をもって売上計上（未収計上）すべきである。

3　棚卸資産

棚卸資産についても、適正に計上されているかどうかの確認が行われる。医療機関は、棚卸資産として計上すべき医薬品や医療材料等が多岐にわたり、金額も大きくなる場合もあるので、棚卸の作業は大変な負担となるが、それゆえに正確に行われているかについての税務当局の関心は高い。

調査では、実地棚卸㉑の手続について、どのタイミングで、誰が行ったのか等について確認が行われる。

また、決算直前の数か月分の医薬品や医療材料等の納品書を確認し、在庫の消費状況と棚卸金額に不自然な点がないか等を確認することもある。たとえば、決算直前に大量に購入した医薬品等が棚卸にどのように反映されているか、高額な医薬品等で消費が少ないものが正確に棚卸資産に反映されているかどうかといった視点で確認作業が行われる。

㉑　医療機関の在庫管理は、麻薬や劇薬などの薬物を除いて、医薬品や医療材料の帳簿を記録していないことが多く、結果、期末の在庫金額の把握は実地棚卸のみで把握することが多い。

実地棚卸とは、実際に医薬品や医療材料の現物をカウントし、棚卸高を把握する手続をいう。

また、預け在庫㉒（院内では保管せず、仕入先で保管してもらっている在庫）についても、適正に棚卸資産に反映されているかどうかも論点になる。

棚卸資産については、税務調査において必ず確認されるので決算時に棚卸表を預かるだけではなく、棚卸の手続等について、一度は現場担当者に確認をするように努めるべきであろう。

4　交際費等

医師会関係の活動であったり、他のドクターとの情報交換であったりと、ドクターによっては交際の範囲が非常に広い人もいる。

病院であれば、勤務してもらうドクターの勧誘費用（リクルーティング費用）なども交際費の一種となろう。

ドクターの場合、交際費の支出が多くなる傾向があるので、その結果、税務調査では個人的費消ではないかという観点からチェックされる。交際費については、特に医療に限ったことではなく、税務調査でチェックされやすいので、日頃から経費性について慎重に判断する必要がある。

また、ドクターに特有なものとしては、出身大学の同窓会費が挙げられる。ドクターと出身大学のつながりは、我々が思う以上に深く、出身大学の同窓会費が必要経費になり得るかという相談を受ける機会は多い。

出身大学の同窓会は、確かに情報交換や交際の場として事業遂行上必要な経費と考えられなくもないが、あくまでも個人的な支出であり、原則は損金や必要経費とは認められない。この点については、通達でも明らかにされている。

㉒　医療機関によっては、医薬品や医療材料について購入はしたものの、現物については必要な都度持ってきてもらう形にし、在庫として仕入先に預かってもらっている場合がある。このような在庫のことを預け在庫という。預け在庫は、実地棚卸の際に把握できないことで、棚卸資産計上漏れになってしまうことが多い。

交際費については、あくまでも基本的な対応、すなわち、交際費の領収書に相手先や人数、目的といった情報をきちんと記載し、事業遂行上の必要性を説明できるようにしておくべきであろう。

5　寄附金

交際費と同様にドクターによっては寄附金の支出が多い方もいる。

調査の際に寄附金について重点的にチェックされるものとしては、理事や医師などの出身大学への寄附や理事等の子供が通っている大学等への寄附である。

出身大学への寄附は、ともすると同窓会的な要素が強く、本来個人で負担すべきものが入っていないかどうかが争点となることが多い。

また、理事等の子供が通う大学等への寄附については、いわゆる入学寄附金ではないかということが問題になる。

所得税においては、学校法人への寄附金であっても「学校の入学に関するもの」は、特定寄附金には該当しない[23]ことが定められている。

ここでいう「学校の入学に関するもの」とは、自己又は子女等の入学を希望する学校に対してする寄附金で、その納入がない限り入学を許されないこととされるもの、その他当該入学と相当の因果関係のあるものをいう。

この場合において、入学願書受付の開始日から入学が予定される年の年末までの期間内に納入したものは、原則として、「入学と相当の因果関係のあるもの」に該当するとされている。

法人税法では、理事等の子供が通っている大学への寄附は、あくまでも個人が負担すべきものを法人が立て替えている（事業に必要とは言えない）ものと捉えられ、寄附金としての損金性が否認され、個人への賞与として課税

㉓　所得税法78条2項、所得税基本通達78-2、78-3

される場合がある。

その他、地域への寄附金についても相手先によっては慎重に判断すべき場合もある。

確かに医療機関は地域に密着した事業であり、地域に関連する寄附金の支出を求められることも多々あるが……。

実例4　院長一族の菩提寺への寄附金

A医師は、地域貢献の一環として地元のとある寺院に毎年寄附金を支出している。

医療機関としての地域貢献の一環という認識であることから、当該寺院への寄附金は必要経費として処理していた。

税務調査において、寄附金の内容について確認を受けた。

当方としてはあくまでも寄附金は地域貢献の一環として支出しているものであり、そのように処理をしている旨の説明をした。

調査官からは、個人事業と寄附先の寺院との間で事業に関する関係性が見出せないことに加え、寄附先の寺院は院長一族の菩提寺でもあることから、本来、院長が個人として支出すべきものであって、必要経費として疑義があるのではないかという指摘を受けた。

顛末としては

院長一族の菩提寺であるという点で院長が個人として負担すべき家事費であることから、必要経費として妥当ではないものと判断された。

“地域”の名のもとについつい事業性を見出してしまいたくなるが、その寄附の本質を確認し、「所得を生ずべき業務の遂行上直接必要な経費」であるか否かという原則に立ち返って、処理を指導すべきといえる。

6　子息への学資金・学会費用

(1) 学資金

たとえば、理事長の子息が大学の医学部に通うための学資金を損金や必要経費に算入することは当然許されない。その観点から税務上のトラブルになりやすいものとして医学部に対する寄附金㉔が挙げられる。158頁に実例を示したので、参照されたい。

(2) 学会費用

学会は、ドクターにとって医学的な情報・知識・技術の習得を目的としているものであると考えられるので、学会に参加するための費用（学会参加費や旅費交通費、宿泊費など）は、原則として、損金や必要経費に算入することができる。

注意を要するのは、海外で開催される学会に関する費用である。海外で開催される学会に関する費用であっても、原則は損金や必要経費に算入される。しかし、その費用の中に法人の事業遂行上必要と認められない部分の金額及び旅費の額のうち、通常必要と認められる金額を超える部分の金額については、当該費用は損金や必要経費に算入されない。

たとえば、学会に加えて観光をした場合には、学会に係る期間と学会に関

㉔　ドクターの出身大学へ寄附金を支出したり、医師の派遣を受けている医局へ寄附金を支出したりすることは頻繁に行われる。医療機関では寄附金の支出が多いので税務上は事業に必要とされる寄附金か否かが問題になることが多い。

係ない観光に係る期間の比率などで旅費等を按分し、学会に係る部分を抽出することになる。

また、海外学会に同伴者、たとえば、理事長の奥様などを伴って参加する場合もある。その場合の同伴者に係る旅費等の費用は、原則として損金や必要経費に算入されない。しかし、学会のレセプションに配偶者と一緒に参加する必要がある場合など、明らかに海外出張の目的を達成するために必要な同伴と認められるときは、損金や必要経費に算入される。

学会費用については、理事長や理事だけでなく、研修費として、勤務するドクターや看護師が参加する学会に関する費用の全額又は一定額を補助する場合もあるであろうが、税務上のトラブルを防ぐために研修費用規程等の内規㉕を整備し、そのとおりの運用を心掛けるべきであろう。

実例 5　医学部への寄附金

医療法人社団C会は、理事長の出身大学である国立大学法人A大学から、新校舎建築及び施設等の拡充を行うための寄附金を求められ、これに応じることになった。また、その他、私立B大学医学部への寄附金を支出した。

A大学への寄附金は国等に対する寄附金として、B大学への寄附金は、特にB大学から証明書が出なかったこともあって、その他の寄附金として処理していた。その後の税務調査で、この2つの寄附金について内容の確認が行われた。調査官からは、A大学及びB大学の寄附金は、役員賞与として認定すべきであるとの指摘を受けた。

調査官によれば、A大学への寄附金は確かに国等への寄附金ではあるが、

㉕　医療機関は医療に関する規程については整備されているものの、研修費用規程や出張規定、事務に関する規程は整備されていないことが多い。

A大学は理事長の出身校であり、かつ、医療法人とA大学との間で人的な交流や事業上のやり取りは一切行われていないことから、理事長の出身校という理由で寄附が行われたものであって、医療法人の業務遂行上、必要とされる寄附金とは言えず、理事長が個人として負担すべきものではないかということであった。

また、B大学への寄附金については、支出のタイミングと同じくして理事長の子息がB大学に入学しており、当該寄附金は理事長の子息がB大学に入学するために必要とされる寄附金であって、A大学への寄附金と同様に医療法人の業務遂行上、必要とされる寄附金とは言えず、理事長が個人として負担すべきものとされた。

顛末としては

A大学への寄附金については、人的な交流はないものの、医学に関する情報交換などを積極的に行っており、また、今後、医療法人との間で積極的な事業上のやり取りを模索していることなどを丁寧に説明し、理解を得た。

しかしながら、B大学への寄附金については、明らかに理事長の子息の入学に伴う寄附金であって、医療法人の事業遂行上必要とされる寄附金との説明が難しかったことから調査官の指摘を受け入れざるを得なかった。

寄附金については、理事長個人が負担すべきか否かは、その法人の業務上、法人が負担することが合理的か否かにより判断することになる。つまり、寄附金の控除証明をもって、それがそのまま認められない場合もある。

本事例のA大学への寄附金は、国立大学法人への寄附金であり、証明書の発行もあるので、特に留意することなく、国等への寄附金として処理してしまいがちである。また、B大学への寄附金も大学医学部への寄附金であるということをもって、安易に医療法人の業務遂行上、必要な寄附金であろうと判断しがちである。

名目は寄附金であっても「学校の入学に関してするもの」は損金とはされない。ここで「学校の入学に関してするもの」とは、自己又は子女等が入学を希望する学校への寄附金であって、その納入がない限り入学を許されないものその他入学と相当の因果関係のあるものとされている。

本事例のB大学への寄附金は、実態は「学校の入学に関してするもの」であった。

医療法人は、一般事業会社に比べて寄附金の支出が多く、税務調査でも指摘を受けやすい論点である。本事例のように寄附金について、医療法人が支出すべきものではなく、理事長個人が支出すべきものと判断された場合は、当該寄附金は役員賞与と認定され、法人税法上の損金不算入に加え、源泉所得税の徴収漏れなどその影響は多岐にわたる。

寄附金だからといって安易に判断せず、医療法人の業務遂行上必要とされる寄附金か否かの確認が重要である。

7　医師会費関連

医師会に所属している先生は、医師会費の支出が発生する。

医師会費と一言で言ってもその内容がいくつかあり、損金や必要経費として認められるものとそうでないものがあるので、その取り扱いには注意したい。

医師会費の中でも通常会費は、当然、損金や必要経費として認められるが、通常会費と一緒に請求されることも多い政治連盟会費は損金や必要経費として認められない㉖。

また、医師会への入会金や会館新設のための負担金などは一時の損金算入又は必要経費算入が認められず、繰延資産として計上することが求められる。

㉖　平成13年3月30日裁決・裁決事例集J61-2-12

医師会費として一括りで判断するのではなく、その内容を確認し、内容に応じて処理を行うように努めたい。

医師会への入会金	繰延資産
医師会の会館負担金	繰延資産
医師会の通常会費	必要経費（医療法人の場合は損金算入可）
医師政治連盟会費	家事費扱い
医師会の趣味同好会などの会費	業務外での活動に係るものとして家事費扱い

8　従業員に対する診療費免除

従業員を自院で診察した場合に福利厚生の一環として自己負担分を免除するということもある。この場合は、審査支払機関への請求分（振込収入分）は請求し、収入が計上されることになるが、自己負担分については、何も処理を行わない場合がある。

しかしながら、何も処理しないのは2つの観点から問題になる。

1つは、健康保険法㉗74条と保険医療機関及び保険医療養担当規則㉘5条の観点からの問題である。健康保険法及び療養担当規則では、保健医療機関から療養の給付を受ける者は一部負担金（自己負担金）を保健医療機関に支払

㉗　健康保険制度全般について定めた法律。74条では、自己負担分について、保険医療機関又は保険薬局から療養の給付を受ける者は、その給付を受ける際、一部負担金として、当該保険医療機関又は保険薬局に支払わなければならないと規定し、患者の自己負担の支払義務を明確に規定している。

㉘　正式名称は保険医療機関及び保険医療養担当規則といい、保険医療を行う医療機関が守るべき事項を定めている。

自己負担については5条において、保険医療機関は、被保険者又は被保険者であった者については一部負担金の支払を受けるものとすると規定しており、自己負担の減免等を禁止している。

わなければならないとされている。自己負担分を免除してしまうのは、この取扱いに抵触することになる。

もう1つは、税務調査の観点からの問題である。勤務先から本来支払うべき自己負担分の免除を受けるということは、勤務先からの経済的利益の供与を受けているのではないか、つまり、給与課税の問題があるのではないかと考えられてしまう可能性がある。

もちろん、福利厚生の一環として常識的な範囲内での免除であれば問題ないので、要らぬ疑いをかけられないためにも、免除分についてはきちんと収入に計上し、併せて福利厚生費で処理しておくのが望ましい。

それに加えて、前述の健康保険法及び療養担当規則の観点からのトラブルを防ぐ意味でも、あるべき処理は以下のようになる。

(借)	現　　　金	×××	(貸)	窓口収入	×××
(借)	福利厚生費	×××	(貸)	現　　　金	×××

なお、あくまでも福利厚生の一環であることから、従業員の自己負担金免除については、院内で規程を定め、その規定どおりに運用することが必要である。

9　修繕費

医療法人は多種多様の医療機器を扱うことになり、その保守、メンテナンスの負担[29]も大きいものとなる。

医療機器の使用に伴って修繕も発生するが、その際、修繕のために支出し

㉙　医療機器は、命に係わるものであること及び診療に影響を及ぼさないように常に問題ない状態で稼働する必要があることから保守、メンテナンス費用の負担が大きいものになる。医療法においては、医療機関の管理者（院長）は、医療機器の保守点検計画の策定及び保守点検の適切な実施をしなければならないとされている（医療法6の12、医療法施行規則1の11）。

医療機器の種類にもよるが、通常は医療機器の導入後に毎月保守料の支払が発生する。

た金額が資本的支出か修繕費かという判断については、一般の事業会社と変わらない。

しかしながら、医療機器の修繕の中でも処理の判断の分かれるものがいくつかある。その代表例がレントゲンやCTスキャンの管球と言われる部品の交換である。管球とは、X線を発する部品であり、レントゲンやCTスキャンを働かせるためには必要不可欠な部品である。その交換費用は、数百万円から1,000万円超といったように金額が大きいので、資本的支出と判断してしまうことがある。

実例6 CTスキャンの管球の交換費用

本事例は、税務調査で修繕費に疑義があるとされた事例である。

疑義があるとされた修繕の内容は、CTスキャンの管球の交換であり、修繕に要した金額840万円を修繕費として処理していた。

CTスキャンの管球の交換は、あくまでも、通達にいう「固定資産の通常の維持管理のため、又は毀損した固定資産につきその原状を回復するために要したと認められる部分の金額」であるものとして、修繕費で損金処理を行っていたものである。

調査官からは、CTスキャンの管球の交換費用については、金額の大きさから、通常の維持管理を超えた支出であって、資本的支出に該当するのではないかとの指摘を受けた。

顛末としては

結果としては、当方の主張が認められ、修繕費としてそのまま是認された。

管球は当たり外れが大きく、外れだと数か月で交換しなければならない管球もあることや管球を交換することによってCTスキャンの性能が大きく向上するものではないことなどを主張した。

また、修繕業者にも確認してもらい、管球の交換をしなければ、CTスキャンは稼働できず、あくまでも単なる部品の交換であり、『通常の維持管理費用』に該当するものであると説明してもらった。

医療機器は多種多様であり、修繕の内容も複雑である。本事例の場合には、やはり、金額の大きさから資本的支出ではないかという疑義が生じたものである。

実務では、金額に惑わされずに、その修繕の内容についてしっかり検証する必要があるのと同時に、金額が大きい場合には税務調査で確認されてしまうので、業者に簡単な修繕内容について簡単なレポートをもらうなどの対応で通常の維持管理費用（修繕費）としての妥当性を裏付けるなどの準備が必要であろう。

10　狙われやすい源泉所得税

医療機関、特に病院の場合には、夜勤や当直の対応であったり、通常診察を受け持っている先生が何らかの都合で診察できない場合の穴埋めでスポットとして診察をお願いしたりと様々な場面でいわゆる非常勤医師を雇用していることが多い。

非常勤医師に支給する給与に係る源泉所得税は原則として乙欄での徴収になるが、規模の大きな病院であれば、その対象者は相当な人数になることから源泉所得税が適正に徴収がなされているかどうかについて、源泉所得税に絞った調査を受けることもある。

月次顧問で支援している場合であっても、実際のところ、源泉徴収が適正に行われているかどうかについては、どうしても給与担当者任せになってしまうところがあり、月次のチェックでもあまり細かく確認をしない場合も多いのではないだろうか。

しかし、源泉所得税に絞った調査を行う調査官は、それこそ常日頃、源泉所得税ばかりを扱っているのでなかなかに手強い。しかも、調査で誤りが発覚した場合には、修正対象の人数も多くなりがちで、しかも、過去に遡っての修正を求められるので追加の税負担が多額になる。

ゆえに、医療機関、特に病院については、源泉所得税は疎かにできない。

実例7 源泉所得税の調査で発覚した交通費の処理の誤り

法人税調査に源泉所得税担当の調査官が加わって行われた調査の事例である。

調査を受けた医療法人は、2つの病院に加え、訪問看護ステーションなどの附帯事業も行っている法人であった。病院の運営上、当直などのために近隣の大学病院から多くの非常勤医師を派遣してもらっていた。

調査では、非常勤医師について適正に乙欄で徴収されているかどうかについて確認が進められたが、誤りではないかと指摘されたのが、非課税として処理していた交通費の取り扱いであった。

前述の通り、こちらの病院は非常勤医師の多くが近隣の大学病院から派遣されていた。対応の窓口も大学病院の医局であって、医局との間でたとえば当直1回当たり○○円、交通費1回当たり△△円という条件で非常勤医師の派遣を受けていた。

給与担当者は、当直費についてはもちろん乙欄での源泉所得税の対象としていたが、交通費については、交通費として支給するものであることから非課税と考え、源泉徴収の対象とせずにいた。

調査官からは、交通費について、1回○○円という支給は実費ではなく、いわゆる渡し切りであって、非課税とはならず、源泉徴収の対象となるのでないかという指摘を受けた。

これは確かに指摘の通りであって、通勤手当として非課税とされるのは、「その者の通勤に係る運賃、時間、距離等の事情に照らし最も経済的かつ合理的と認められる通常の通勤の経路及び方法による運賃等の額」（所令20の2①）であって、1回いくらで支給される場合には、非課税とはされない。ぐうの音も出ない指摘であった。

近隣の大学病院からの派遣が大半で1回当たりの交通費はさほどの額ではないことから、追加徴収される税額もさほどではないかなと高を括っていたのだが、実際に蓋を開けてみると過去3年という修正対象期間に加え、修正が必要とされる非常勤医師がそれはそれはたくさんいて、典型的な「塵も積もれば山となる」状況に愕然としたのを覚えている（下図のとおり、追徴源泉税額（Ⓐ－Ⓑ）を月毎に過去3年分遡って計算された）。

項目内訳	1月分	2月分	3月分	4月分	5月分
①当初課税対象額	172,000	129,000	172,000	129,000	176,0
②通勤手当支給額	8,000	6,000	8,000	6,000	8,0
③非課税限度額					
調査後課税対象額（①＋②－③）	180,000	135,000	180,000	135,000	184,0
Ⓐ源泉税再計算額	13,900	6,600	13,900	6,600	15,3
Ⓑ当初源泉税額	12,000	5,700	12,000	5,700	12,7
追徴源泉税額（Ⓐ－Ⓑ）	1,900	900	1,900	900	2,6
①当初課税対象額	176,000	132,000	132,000		
②通勤手当支給額	8,000	6,000	6,000		
③非課税限度額					
調査後課税対象額（①＋②－③）	184,000	138,000	138,000	0	

顛末としては

ここから少しでも追加の税負担を抑えられないかと検討した結果、所得税基本通達9-5（非常勤役員等の出勤のための費用）の適用について争われた判決[30]に基づいて、考え方として渡切交通費であったとしても非常勤医師等が本件勤務地に出勤するために行う旅行に必要な運賃の支出に充てるものとして支給される金品が含まれており、これは「社会通念上合理的な理由があると認められる場合に支給されるもの」であって、「その支給される金品のうちその出勤のために直接必要であると認められる部分」については、法9条1項4号に掲げる金品に準じて所得税を課税しなくて差し支えないこととなると判断できると考えた。

そこで、出勤のために直接必要であると認められる部分として、非常勤医師ごとの主な出勤形態を整理し、大学又は自宅から病院までに公共交通機関を用いた場合に要する交通費を計算し、その部分は非課税として取り扱えるという内容で調査官に説明した。

こうすることで、中には公共交通機関を用いた場合に要する交通費が1回当たりの渡切交通費を上回るドクターもおり、そのような先生は追加の源泉徴収不要、上回らないドクターであっても1回当たりの渡切交通費のうち公共交通機関を用いた場合に要する交通費を上回る部分のみが源泉対象となる。

	氏名※	交通費	交通費		
	JY03	（1回当たり）	（往復）		
1	・・・・・・	1,000	3,460	−2,460	追徴不要
2	・・・・・・	2,000	1,720	280	追徴
3	・・・・・・	2,000	960	1,040	追徴

非常勤医師1人1人について過去に遡って公共交通機関を用いた場合に要

㉚　非常勤医師の出勤手当／出勤のために直接必要であると認められる額（高松地裁平成28年11月9日判決）

する交通費を確認する作業であったため、病院の給与担当者の方には大変なご負担をおかけしたが、結果、当方の主張が認められ、いくばくか追加の徴収税額を軽減することができた。

源泉所得税の間違いは本当に怖い。疎かにしがちであるがゆえに本当に怖いということを思い知った調査であった。

実例8 業務委託契約か雇用契約か

非常勤医師を採用する際に医師の側から非常勤での勤務について業務委託契約でお願いしたいという申し出を受けたが、どうしたら良いかというご相談を受けることがある。

このようなご相談を受けたときには、決まって「病院の方針として業務委託契約としての対応をしておらず、給与でお願いしています」とお返事するように回答している。

しかしながら、ドクターによっては、「他の病院ではOKなのに何でだめなのか。税理士に相談しても問題ないと言われている」ということで医療機関側の担当者にさらなる変更や説明を求めてくるケースもある。

顛末としては

この問い合わせは、意外と多いので、以下の内容について簡単に整理してお返事をするようにしている。

まず、なぜ業務委託契約を望むのかという点を整理する。

業務委託契約であれば、非常勤医師側は原則として事業所得となり、必要経費算入の検討ができるというメリットがある。反対に病院側は業務委託料として消費税の課税仕入の対象にもなり得るし、源泉所得税も不要となるので、この点で言えばWin-Winと言える。

しかしながら、税務上、業務委託契約か、それとも雇用契約かについては、様々な裁決や判例で判断がなされており、それらの判断に基づくと一般的な非常勤医師の勤務体系について業務委託契約とすることは難しい。

具体的な判断基準としては、「事業所得とは、自己の計算と危険において独立して営まれ、営利性、有償性を有し、かつ反覆継続して遂行する意思と社会的地位とが客観的に認められる業務から生ずる所得をいうと解するのが相当であるとされ、給与所得とは、給与所得とは、雇傭契約又はこれに類する原因に基づき使用者の指揮命令に服して提供した労務の対価として使用者から受ける給付をいうと解するのが相当であって、給与所得該当性の判断に当たっては、給与支給者との関係において何らかの空間的、時間的な拘束を受け、継続的ないし断続的に労務又は役務の提供があり、その対価として支給されるものであるかどうかを重視するのが相当である」とされている（最高裁判所昭和56年4月24日第二小法廷判決・民集35巻3号672頁参照）。

その上で、①自己の計算と危険によってその経済的活動が行われているかどうか、すなわち経済的活動の内容やその成果等によって変動し得る収益や費用が誰に帰属するか、あるいは費用が収益を上回る場合などのリスクを誰が負担するかという点、②遂行する経済的活動が他者の指揮命令を受けて行うものであるか否かという点、③経済的活動が何らかの空間的、時間的拘束を受けて行われるものであるか否かという点などを総合的に考慮して、個別具体的に判断すべきとされている。

これら判断基準に一般的な非常勤医師の勤務形態を照らしわせると税務上は以下のように整理でき、給与所得として取り扱うのが妥当と言える。

①　自己の計算と危険によってその経済的活動が行われているかどうか、

　⇒診療行為に伴い発生する費用を非常勤医師が負担することはなく、また、診療に必要な医療機器などの設備や看護師などの人員も自ら

準備し、診療を行っているわけではないので、この点から自己の計算と危険によって行われているとはいえない

② 遂行する経済的活動が他者の指揮命令を受けて行うものであるか否か

⇒個々の患者の診療に係る判断は一任されている場合が多いとはいえ、診察を行う場所等について病院からの一定の指示の下、診察を行うのであれば、他者の指揮命令を受けて行うものであるといえる。

③ 経済的活動が何らかの空間的、時間的拘束を受けて行われるものであるか

⇒勤務条件（○○病院において、○月○日～○月△日の当直や何時から何時までの外来など）が示され、その条件で勤務することになるため、雇用契約と同等の空間的・時間的拘束を受けるものであるといえる。

その他にも様々な判断要素を加味すべきという考え方もあるが、一般的な非常勤医師の勤務形態を考えた場合には、業務委託契約と考えることは難しく、給与所得であると判断するのが妥当であろう。

上記の判断を簡単に説明してもらい、給与として報酬を支払うことが医療機関としての方針であることを伝えてもらい、納得してもらうようにしている（顧問税理士が厳しくて煩いのでと伝えてもらってもいる）。

なお、非常勤医師の報酬について業務委託契約としていた場合に税務調査で給与所得であると判断された場合には、医療機関側には以下のような影響が生じる。

① 給与所得となることから、乙欄での源泉所得税の徴収漏れが生じる

② 業務委託料として消費税の課税仕入を取っていた場合には、給与所得とされることで消費税の課税仕入には該当しないこととなる

業務委託契約に応じた医療機関側のリスクが高いので、その点でも理解を

求めてもらうことになる。

実例9　就職祝い金

とある病院から自院での募集で（人材紹介会社を通さずに）入職に至った方について、正式に入職する前（内定の段階）で祝い金や支度金のようなものを支給したいという相談を受けた。

顛末としては

近年、医療従事者や医療事務を担う方の採用は、大変難しい状況が続いている。

特に病院は、病床ごとの人員基準を満たさなければならない関係で看護師の採用に当たって、自院での募集を基本としつつも人材紹介会社を活用するケースも多い。しかしながら、人材紹介会社の紹介料は、最近の人手不足もあり、かなり高額になる傾向にある。

そこで人材紹介会社に支払うくらいであればということで、人材紹介会社を通さずに入職された方に祝い金を支給する医療機関も増えている。

この入職に際して支給される祝い金であるが、税務上の取扱いに注意が必要である。

相談をお聞きすると、病院は入職前というタイミングであることから源泉所得税の徴収は不要とし、支給のタイミングでは病院側と直接の関係はない以上、接待交際費などで処理したいという意向を持っていた。

いちいち源泉所得税を徴収したり、源泉徴収票や支払調書を発行したりする事務的な手間を避けたいという思いと、折角の祝い金なのに源泉所得税を徴収してしまえば祝い金としての意義やありがたみが薄れてしまうのではないかという懸念があることが察せられた。

気持ちは分かるのだが、やはり税の取扱いは無視できない。

そもそも入職に際しての祝い金については、どう処理するべきなのであろうか。この点については、次のような考え方に整理できる。

① 入職前とは言え、法人から従業員となる者への金銭の支給であることから給与所得として整理すべき

② 入職前である以上、雇用関係に基づく支給ではないので一時所得又は雑所得として整理すべき

支給時点で雇用関係がないのであれば①の給与所得で処理すべきという取扱いには無理がある。したがって、②の雑所得又は一時所得のいずれかで処理することになる。

雑所得とするか一時所得とするかは、支給する法人側にとっても受け取る入職者側にとっても大きな違いが生じる。雑所得であれば、法人側は源泉徴収について検討しなければならないし、入職者側も一定の場合には確定申告が必要になる。一時所得であれば、法人側は源泉徴収不要であるし、入職者側も特別控除額（50万円）の範囲内であれば確定申告の必要はない。

では、実際のところどのように取り扱うべきなのか。

入職に際しての祝い金は、税務上は契約金として整理され、法人側には雑所得として源泉徴収の義務が課される[31]というのが正しい取扱いとなる。

病院側はこの説明にかなり難色を示したのだが、仮に接待交際費で源泉徴収せずとしたとして後に誤りを指摘された場合には、源泉徴収漏れとなること、そして、そのことで入職者本人に飛び火しかねないことを丁寧に説明し、何とか納得してもらった。

㉛ 役務の提供を約することにより一時に取得する契約金で政令で定めるもの（所得税法204①七）。

支給に際しては、入職者に対して祝い金に係る税の取扱い（雑所得扱いになること、そのため一定の場合には確定申告を行っていただく必要があることなど）をまとめた書面をお渡しすることもお願いした。

祝い金なのに税金の取扱いが記載された書面をお渡しすることは興ざめではあるが、むしろ入職者によっては、コンプライアンスがしっかりしている法人であると感じてもらえる面もあるはずで、何よりも入職者に迷惑が掛からない措置であることが大切であるというご説明をした記憶がある。

なお、祝い金のうち入職に際しての支度金（地方に住んでいる方への転居費用などで通常必要であると認められる範囲のもの）で祝い金と明確に区分して支給されるものは②の雑所得とはされず、非課税扱い㉜になる点には留意が必要である。

11　税務調査とカルテの開示

税務調査では患者のカルテを開示するように求められる場合がある。カルテを開示するとなると、大抵のドクターは相当な抵抗感を示す。税理士同様に医師も厳格な守秘義務を負っており、守秘義務に違反すれば、罰則が科せられることもあるからである。

そもそも、カルテは税務調査における質問検査の対象となるのかどうかということが問題となる。この点については、医師のカルテは「その者の事業に関する帳簿書類その他の物件」に該当する旨の判例㉝があり、質問検査の対象となることが明らかにされている。したがって、税務調査において医師

㉜　所得税基本通達35-1（10）

> 次に掲げるようなものに係る所得は、雑所得に該当する。
> （10）就職に伴う転居のための旅行の費用として支払を受ける金銭等のうち、その旅行に通常必要であると認められる範囲を超えるもの

がカルテを開示したとしても医師としての守秘義務違反を問われることはない。

また、税務調査を行う税務職員も厳格な守秘義務を負っているのであるから、カルテの開示をどうするかによって調査が変に長引いたりするのは得策ではない。

税務調査の場面でカルテの開示を求められ、ドクターが難色を示した場合には、税務職員に対して、まず、カルテを開示しなければならない目的を確認し、税務調査でカルテを開示しても医師としての守秘義務違反には問われないこと、このことで税務調査が変に長引いたりするのは得策でないことなどを説明し、ドクターに理解してもらうことに努めるべきである。

なお、国税通則法の改正により税務調査の手続が見直されたことにより、国税庁から出されている「調査手続の実施に当たっての基本的な考え方等について（事務運営指針）」[34]では、調査対象者が医師などの職務上の守秘義務を負う者の場合には、質問検査等を行うに当たっては、守秘義務に十分留意する旨が記載されていることから、今後は税務調査におけるカルテ開示の要求は少なくなるかもしれない。

㉝　歯科医師のカルテは「その事業に関する帳簿書類その他の物件」に該当することは明らかであり、提示されたカルテを税務職員が検査したことは適法である旨が示された（東京地裁平成元年9月14日）。

㉞　調査手続の実施に当たっての基本的な考え方等について（事務運営指針）

3　調査時における手続

(4) 帳簿書類その他の物件の提示・提出の求め

調査について必要がある場合において、質問検査等の相手方となる者に対し、帳簿書類その他の物件（その写しを含む。）の提示・提出を求めるときは、質問検査等の相手方となる者の理解と協力の下、その承諾を得て行う。

（注）質問検査等の相手方となる者について、職務上の秘密についての守秘義務に係る規定（例：医師等の守秘義務）や調査等に当たり留意すべき事項に係る規定（例：宗教法人法第84条）が法令で定められている場合においては、質問検査等を行うに当たっては、それらの定めにも十分留意する。

特別償却

—医療機器は機械及び装置ではない—

06

1　医療法人に適用される特別償却

医療法人が令和7年3月31日までの間に一定の医療用機器を取得した場合には、取得した事業年度において特別償却㉟が認められる。

2　特別償却に関する実務の進め方

医療機器は、その種類や機能が複雑であり、当該医療機器が特例の適用対象である否かを判断するのは非常に難しい場面がある。

したがって、実務では、医療機器メーカーや卸売業者の担当者に対して、直接、当該医療機器が特別償却等の税制優遇の対象になるかどうかを確認することが多い。中には当該医療機器が特別償却等の税制優遇の対象であることをセールスポイントの1つに掲げている場合もあることから、医療機器購入の相談を受けた場合には、特別償却のことを念頭に情報を集めることを忘れないようにしたい。

また、前述したMS法人との関係で言えば、この特例はあくまでも医療機器を取得した事業者が事業の用に供することを要件としているため、MS法人が医療機器を取得し、医療法人に賃貸する場合には、適用は受けられないので留意が必要である。

㉟　通常の減価償却費の額に加えて一定額の超過償却を行うこと。通常の減価償却費の額に資産の取得価額に一定割合を乗じた金額を加算した金額を減価償却費とすることで、法人税等を軽減し、設備投資に要した資金の早期回収を促す制度。

3　中小企業等投資促進税制との関係

一般事業会社の場合には、中小企業が機械装置等を取得した場合には、いわゆる中小企業等投資促進税制㊱（中小企業者等が機械等を取得した場合の特別償却又は税額控除）の適用を検討することが多いと思われる。この特例は、対象となる機械装置等の範囲が比較的広く、適用の機会も多いポピュラーな特例であるためだ。

ところで、この特例の対象となる中小企業者等に該当する医療法人等が医療機器を取得した場合には、この特例の適用をどのように考えるべきであろうか。

この場合には、医療機器が中小企業等投資促進税制の対象資産の1つである1台又は1基の取得価額が160万円以上の機械及び装置に該当するかどうかがポイントになる。

実は、医療機器は「減価償却資産の耐用年数等に関する省令別表第一」の「器具及び備品」の「8.医療機器」に該当し、いわゆる「機械及び装置」には該当しない。

したがって、医療機器の場合には、1台又は1基の取得価額が160万円以上であっても中小企業等投資促進税制の適用対象にはならない。

医療機器を「機械及び装置」であるものと勘違いし、中小企業投資促進税制を適用してしまうミスが多いので、医療機器は器具及び備品であるという点に留意する必要がある。

なお、医療機器は対象にはならないものの、たとえば、電子カルテやレセ

㊱　中小企業者などが平成10年6月1日から令和7年3月31日までの期間内に新品の機械及び装置などを取得し又は製作して国内にある製造業、建設業などの指定事業の用に供した場合に、その指定事業の用に供した日を含む事業年度において、特別償却又は税額控除を認める制度。

コンなどのようにソフトウエアが含まれる設備については対象となり得るので、頭から適用を否定せずに、適用対象の設備であるかどうか検討することが必要である。

4　中小企業経営強化税制との関係

同じように、中小企業等経営強化法の経営力向上計画の認定を受けた中小企業者が設備投資を行う際に、中小企業経営強化税制[37]（中小企業者等が特定経営力向上設備等を取得した場合の特別償却又は税額控除）の適用を検討することがある。

しかしながら、医療法人にとってはこちらの制度も使い勝手が悪い。

対象設備は、A類型（生産性向上設備）、B類型（収益力強化設備）及びC類型（デジタル化設備）の3種類に区分されるが、いずれも医療機器は対象設備から除かれているためである。

ただし、3の中小企業等投資促進税制と同様に電子カルテやレセコンなどのようにソフトウエアが含まれる設備については適用対象となり得るので注意が必要である。

㊲　中小企業等経営強化法の経営力向上計画の認定を受けた中小企業者が、平成29年4月1日から令和7年3月31日までの期間内に、新品の特定経営力向上設備等となる機械装置、器具備品等を取得し、指定事業の用に供した場合に、その指定事業の用に供した日を含む事業年度において特別償却又は税額控除を認める制度をいう。

医療機器の特別償却（令和５年３月31日までの制度）

資産の種類	取得価額要件	特別償却割合
①　高度な医療の提供に資するものとして厚生労働大臣が財務大臣と協議して指定するもの	500万円以上	12%
②　医薬品、医療機器等の品質、有効性及び安全性の確保等に関する法律に定める高度管理医療機器等で厚生労働大臣が指定した日の翌日から２年を経過していないもの（①に該当するものを除く）		
③　器具及び備品並びにソフトウエアで医師その他の医療従事者の勤務時間の短縮その他の医療従事者の確保に資する措置を講ずるために必要なもの（勤務時間短縮用設備等）	30万円以上	15%
④　医療計画に係る構想区域等内において、病院用又は診療所用の建物及びその附属設備のうち当該構想区域等に係る同条第一項の協議の場における協議に基づく病床の機能の分化及び連携の推進に係るもの（構想適合病院用建物等）	—	8%

医療法人と一般事業会社の税務上の取扱い 07

医療法人は、法人税法上は普通法人とされる。しかしながら、医療法人であるが故の特徴を踏まえて、普通法人とは異なる取扱いが設けられている。

具体的には、以下の取扱いについて一般事業会社との違いが生じる。

1　留保金課税の適用はない

医療法により医療法人は配当が禁止されている。つまり、医療法人が獲得した利益については、配当せずに内部留保することを前提とした組織であることから、同族会社において必要以上に内部留保が行われた場合に通常の法人税とは別枠で課税する特定同族会社の特別税率（いわゆる留保金課税[38]）の適用はない。それに伴い、同族会社であるか否かの判定資料である法人税法の申告書の別表二の添付義務もない。

2　社会保険診療報酬の所得の計算の特例

いわゆる、概算経費特例は、医療法人に対しても適用される。概算経費特例は個人事業に対する規定（所得税の規定）のみであるかのように勘違いされていることが多いので注意が必要である。

3　事業税の取扱い

医療法人に係る事業税については、以下の取扱いが設けられている。

㊳　特定同族会社が配当をせず、一定額以上の利益を会社内部に留保しているような場合には、通常の法人税に加えて、その利益の留保額に対して別途特別の法人税を課税することとしている。この制度を特定同族会社の留保金課税という（法人税法67）。

資本金の額又は出資金の額が1億円以下の特定同族会社には原則として適用がない。

(1) 非課税措置

社会保険診療報酬等に対応する所得については、事業税は課税されない[39]。

事業税の趣旨は、事業に対する行政サービスの享受に応じた負担ということであるが、医療は公共的なものであり、医療機関は、行政サービスを享受するというより、行政が行うべき公共的サービスを自ら担っている側であるという趣旨から、社会保険診療報酬等に対応する所得については事業税が非課税とされている（地方税法72の23②）。

(2) 税率軽減措置

社会保険診療報酬以外に対応する所得については、事業税が課税されるが、税率は一般事業会社よりも低い税率が適用される。

(3) 中間申告不要

医療法人は、事業税の中間申告をする必要はない。

(4) 外形標準課税の不適用

一般事業法人で資本の金額が1億円超の場合には、外形標準課税の適用があるが、医療法人の場合には、出資金の額が1億円超であったとしても外形標準課税の適用はない。

㊴ この取扱いについては、ここ数年にわたって廃止を含めた見直しが示唆されており、令和5年度税制改正大綱においても「事業税における社会保険診療報酬に係る実質的非課税措置及び医療法人に対する軽減税率については、税負担の公平性を図る観点や、地域医療の確保を図る観点から、そのあり方について検討する」とされている。

4　印紙税・事業所税

医療法人が発行する領収書に係る印紙税は非課税㊵とされており、医療法人の運営する診療所、病院等の施設に係る事業所税も非課税㊶とされている。

㊵　印紙税法基本通達別表第一　第17号文書の25・27

㊶　事業所税は、一定の規模以上の事業を行っている者に対して課税される税金で、事業所等の床面積を対象とする資産割と従業者の給与総額を対象とする従業者割とに区分される。なお、診療所や病院等については非課税とされている（地方税法701の34）。

事業税の計算　08

1　具体的な計算方法

医療法人の申告に当たって、一般事業会社の申告と大きな違いが出るのが事業税の申告である。一般事業会社の場合には、事業税の課税標準となる所得金額は、原則として法人税の所得金額となる。

しかしながら、医療法人の場合には社会保険診療報酬に対応する所得金額については、事業税の所得金額から除外する措置㊷が設けられている。

具体的には、社会保険診療につき支払いを受けた金額は益金に算入せず、社会保険診療に対応する経費については損金の額に算入しないこととする。結果として、「社会保険診療報酬以外の益金－社会保険診療報酬以外に係る損金」で計算された金額が事業税の所得金額となる。

ただし、実務上、社会保険診療につき支払いを受けた金額（益金）の把握は容易であるが、社会保険診療に係る経費（損金）の金額を捉えるのは困難であるため、都道府県によるが、多くの場合には以下の算式で事業税の課税標準を計算する（法人税の課税所得を収入金額で按分する方法)。

法人税の課税所得
×(1－社会保険診療に係る医療収入金額÷総収入金額)

事業税の所得金額の計算のポイントは、社会保険診療に係る収入金額を正確に把握することである。特に介護事業に係る収入はその事業によって事業税の計算上の取扱いが異なるので注意が必要である。実務では、医療法人に郵送される都道府県民税の申告書に医療法人等に係る所得金額の計算に関する手引き㊸が同封されており、当該手引きに社会保険診療に係る収入金額等

㊷　180頁参照。

について整理されているので、この手引きの内容を参考にしつつ計算を進めることになる。

実例 10　事業税の所得計算（償却資産の売却）

医療法人の税務申告を終えると都道府県から事業税の申告内容について問い合わせを受けるケースがある。特にその他の収入金額の内容について確認されることが多い。

医療法人社団A会についても申告後、都道府県からその他の収入金額についていくつか内容の確認を受けた。

A会は、申告年度において車両を売却し、売却益が発生した取引があったことから、車両売却益をその他の収入に計上した。

都道府県担当者からは、この車両等の償却資産の売却益の内容の確認が行われた。

また、一昨年度は赤字申告であったため、昨年度中に税金の還付を受けたが、当該還付金についてはその他の収入に含めない（事業税の所得計算の要素に含めない）処理をしたところ、還付金に還付加算金がなかったかどうかの確認が行われた。

顛末としては

事業税の申告における所得金額を計算する上で、車両等の償却資産の売却

㊸　医療法人の場合には、事業税の計算方法が一般事業会社とは異なるため、地方税の申告書が郵送される際に事業税の計算方法について詳細に説明された手引きが同封される。

についてはその他の収入に計上することになる。ここでその他の収入に計上する金額は、売却による収入金額ではなく、車両売却益の金額となる。しかも、売却益とは、売却時の簿価を超える金額ではなく、取得価額を超える金額とされている。

通常の申告にはない、分かりにくいルールであることからミスが生じやすいところであり、償却資産売却の取引が行われ、その他の収入に計上されている場合には、都道府県から内容の問い合わせが行われるケースが多い。

また、税金の還付金については、その他の収入にも含めず、事業税の所得計算の要素には含めない処理で問題ないが、還付に伴う還付加算金はその他の収入に含めることになる。

これらの修正は、実際のところ軽微な修正に留まることが多いので、実務で修正申告を求められることは少ない。多くの場合は、都道府県側での職権更正で処理され、追加納付の納付書が後日送られてくるか、還付金額が指定口座に入金される。

軽微な修正であるとはいえ、クライアントに説明が必要であるし、医療法人独特の処理であることからミスの防止に取り組みたいところである。

2　コロナ禍における補助金

コロナ禍では、コロナ感染の疑いのある患者を検査したり、実際にコロナに感染した患者を診察したり、そして、コロナワクチンの接種を行ったりと医療機関が最前線に立ち続けた。

それに対し、国をはじめとする様々な行政から最前線に立ち続ける医療機関に向けて補助金や助成金を中心とした支援が行われた。

通常、補助金を受け取ると補助金にかかる税について特別な処理が必要な場合がある。その代表例は、資産取得を目的として受け取った補助金に係る圧縮記帳であろう。

コロナ禍での医療機関向け補助金についても、たとえば、ウィルスの増殖を抑えるための陰圧室に係る設備投資であったり、発熱外来開設のために行った様々な投資であったりと資産取得を目的として受け取った補助金については、原則として国庫補助金等を受け取ったものとして圧縮記帳を検討することになる。

それに加えて、医療法人独特の検討すべき税の取扱いとして事業税の取扱いがある。

前述の通り、医療法人の法人事業税は、社会保険診療報酬に対応する所得金額を課税対象から除いて計算される。そして、その計算は法人税の課税所得を収入で按分㊹して行われる。

つまり、受け取った補助金を総収入金額に含めるか否かで法人事業税の課税所得が異なってくる。

医療機関が補助金を受け取った場合の法人事業税の取扱いは、社会保険診療に係る医療収入金額には当たらない。問題は総収入金額に含めるかどうかであるが、簡単に整理すると以下のように取り扱われる。

- 補助金で医療保健業に対する業務の対価として支払われるものは、総収入金額に含まれる
- 経費を補填するための補助金については、補填された経費相当額を上回る部分について総収入金額に含まれる
- 法人税の所得の算定上損金算入が認められる補助金等（つまり、圧縮記帳が認められる補助金等）並びに国又は地方公共団体若しくはこれらに準ずる公的機関から収入した施設整備に対する助成金等は、総収入金額に含まれない

㊹　182頁参照

実例 11　受領した補助金は総収入金額に含めるべきか

補助金等が総収入金額に含まれると社会保険診療収入の割合が小さくなるため法人事業税の課税所得が大きくなり、総収入金額に含まれないと社会保険診療収入の割合が大きくなるため法人事業税の課税所得が小さくなるので、医療機関が受け取った補助金を総収入金額に含めるか含めないかについては慎重な判断が求められた。

特にコロナ禍にあっては、補助金の交付もスピードが重視されたこともあって、誤解を恐れずにいうと趣旨や目的について細かな要綱を整備する前にどんどん医療機関に交付された面があり、その補助金が法人事業税を計算する上で総収入金額に含めるべきなのか含めないで良いのかの判断が付きにくいことがたくさんあった。

実際に都道府県側の法人事業税の担当部署でも矢継ぎ早に交付が決まっていく補助金に対してどのように対応するかの検討が追い付いていない印象を受けた。

その結果、同じような趣旨、目的と思われる補助金であっても、都道府県によって取り扱いや見解が異なるものもあって、実際の決算の際には大変苦労させられた。

たとえば、特に明確に経費との紐付けを求められないコロナの検査体制確保のための協力金のような性質のものである。

考え方ではあるが、明確に経費との対応関係はないかもしれないが、検査体制を確保し、その体制を継続するために人件費や通常発生しない水道光熱費などが発生し、それらの経費を補填してもらうための協力金ということであれば、総収入金額には含めないという考え方もできるし、検査体制を確保するための協力金ということは、あくまでも医療保健業に対する業務の対価として支払われるものであって、総収入金額に含めるべきという考え方も成り立ちうる。

顛末としては

上述した考え方に照らし合わせて、コロナ関連の補助金のうち経費補填を目的とした補助金とは言えないもの（補填した経費の実績報告等が求められないもの）については、業務の対価として交付されたものと判断し、法人事業税の計算上、総収入金額に含めて申告をしたところ、後日、法人事業税の担当者から連絡があり、総収入金額に含めて申告された補助金は総収入金額から除外する取扱いとなるので、職権で事業税の一部を還付したいということであった。

それではということで他の県についても同様の補助金について法人事業税の計算上、総収入金額に含めずに申告をしたところ、今度はその県の法人事業税の担当者から総収入金額に含めて申告すべきではないかという問い合わせを受けた。

「他の県ではこうだった」という言い訳をするわけにもいかず、経費補填に関する実績報告を求められるものではないものの、新型コロナウイルス対応の体制を整えるために、従業員の処遇改善や対応人員を確保するため、その他滅菌・消毒液等の購入、清掃等の委託、マスク・防護服等の備品消耗品費等の対応体制を整えるための経費に充てるものであって、実質的に経費補填のための補助金と言える旨の説明書を作成し、提出することで総収入金額に含めない処理を認めてもらうことができた。

医療法人等の所得金額の計算書（東京都）

医療法人等に係る所得金額の計算書

事業年度	・　・　から ・　・　まで	法人名	

（平成二十七・四改正）（提出用）

総　所　得　金　額			(1)	
医療保健業とその他の事業とをあわせて行う場合又は土地譲渡益等がある場合の所得の区分	医療保健業の所得金額		(2)	
	その他の事業の所得金額		(3)	
	土地譲渡益等		(4)	
社会保険分の所得の計算	計算の基礎とする収入金額	社会保険分の医療収入金額（下記（ア）欄の額）	(5)	
		医療保健業の総収入金額（下記（エ）欄の額）	(6)	
	社会保険分の所得金額 $\left((1)\times\frac{(5)}{(6)}\text{又は}(2)\times\frac{(5)}{(6)}\right)$		(7)	
課税所得金額の計算	当期分の所得金額　((1)－(7))		(8)	
	繰越欠損金又は災害損失金の当期控除額		(9)	
	課税標準となる所得金額　((8)－(9))		(10)	

計算の基礎とする収入金額の計算

社会保険分の医療収入金額		円
	健康保険法	
	国民健康保険法	
	高齢者の医療の確保に関する法律	
	船員保険法	
	国家公務員共済組合法	
	防衛省の職員の給与等に関する法律	
	地方公務員等共済組合法	
	私立学校教職員共済法	
	戦傷病者特別援護法	
	母子保健法	
	児童福祉法	
	原子爆弾被爆者に対する援護に関する法律	
	生活保護法	
	中国残留邦人等の円滑な帰国の促進並びに永住帰国した中国残留邦人等及び特定配偶者の自立の支援に関する法律	
	精神保健及び精神障害者福祉に関する法律	
	麻薬及び向精神薬取締法	
	感染症の予防及び感染症の患者に対する医療に関する法律	
	心神喪失等の状態で重大な他害行為を行った者の医療及び観察等に関する法律	
	介護保険法	
	障害者の日常生活及び社会生活を総合的に支援するための法律	
	難病の患者に対する医療等に関する法律	
	計（上記の(5)欄へ）（ア）	

その他の収入金額			円
	労働者災害補償保険法		
	介護保険法		
	自費診療収入		
	入院料、ベット代差額収入		
	健康診断、予防注射等受託医療収入		
	その他の医療収入		
	事務取扱手数料等		
	患者、付添人食事代収入		
	健康診断等証明収入		
	受託技工、検査料等収入		
	嘱託収入		
	利子等及び配当等収入		
	電話、電気、ガス、テレビ、寝具等使用料収入		
	生産品等販売・不用品売却収入		
	その他の附随収入		
	計（イ）		
	その他の事業の収入金額 （この欄は、その他の事業の収入金額を医療保健業の所得に含めて計算する場合のみ記入します。）	商品販売収入	
		物品資産貸付収入	
		計（ウ）	
医療保健業の総収入金額（ア）＋（イ）＋（ウ）（上記の(6)欄へ）（エ）			

東京都主税局

15060-513

医療機関と消費税　09

1　医療機関の消費税に関する損税の問題

「医療には消費の概念は馴染まない[45]」という考え方に基づいて、消費税導入当初から保険診療等に係る消費税は非課税とされている。その一方で、医療機関は消費税分が上乗せされた金額で医療機器や医薬品、医療材料などを購入している。

つまり、医療機関は患者からは消費税を預かることができないにもかかわらず、自らが購入するものについては、消費税を支払っているという関係になる。

たとえば、収入が消費税が非課税の保険診療報酬のみである医療機関の仕入が3億円（税抜）あると仮定した場合、10％相当額の3,000万円の消費税を負担することになる。この場合、患者からは一切消費税を預かれないので、3,000万円はそのまま医療機関の負担となる。

消費税は、その名のとおり、本来は最終消費者が負担し、消費者から消費税を預かった事業者が納付する仕組みであるが、医療機関においては事業者である医療機関が負担していることになる。

消費税の本来の考え方から言えば、事業者である医療機関が負担する必要のない消費税を負担している状態から「損税問題」と表現されることもある。

㊺　昭和63年5月30日日本医師会の主な見解（於：自民党社会部会への要望）（抄）
〈新型間接税（現行の消費税）において医療は非課税とすべきである〉
(1) 新型間接税は、消費に対する課税とされているが、医療は決して消費ではない。
(2) 消費は国民の自由意思に基づいて選択されるものだが、医療は国民の生活に不可欠なもので選択の余地はない。
(3) 低所得者の人ほど医療の必要性が高い実態からみて、医療に課税することは低所得者に税負担をかけることになり、不平等を助長する。
(4) 欧米諸国でも医療に間接税を課している国はない。

2　医療機関の収入に係る消費税

(1) 消費税の課否区分

前述のとおり、医療事業から生じる収益のうち、保険診療等については消費税が非課税とされている。その結果、課税売上割合が低くなり、仕入税額控除を全額控除することができないので、個別対応方式又は一括比例配分方式で仕入税額控除を計算する必要があることから、「課税売上割合[46]」を正確に計算する必要がある。

医療機関の収入に係る消費税の税区分

収入内容	消費税の取扱い
保険診療報酬等	非課税
自賠責による収入	非課税
労災による収入	非課税
自由診療（美容整形・歯科自由診療など）による収入	課税
病床数200床以上の病院での初診・再診に係る特別料金	課税
室料差額収入（差額ベッド代）	（原則）課税（※）
給食差額収入	（原則）課税（※）
文書料収入（診断書発行収入）	課税
医療相談料収入	課税
健康診断（人間ドック）収入	課税
予防接種収入	（原則）課税

※　妊娠中及び出産後の入院に係る差額ベッド代等については非課税

そのため、実務では保険診療以外の収入についての消費税の課否区分が重要になる。

(2) 消費税の納税義務

消費税の納税義務との関係を考えると、診療所であれば、基本的に課税売上高（自由診療収入等）が1,000万円を超えることは少ないので、納税義務が免除されていることが多い。

一方で、病院の場合には、規模にもよるが、差額ベッド代㊼等の自由診療収入も多額に発生することが多い。差額ベッド代等については、消費税が課税される、いわゆる課税売上になるので、病院の場合は消費税の納税義務を有することが多い。

3　簡易課税制度に留意

特に診療所の場合であるが、仮に課税売上高が1,000万円を超え、消費税の納税義務を有することとなっても、課税売上高が5,000万円を超えていなければ、多くの場合には簡易課税制度を選択することになる。

というのも、前述のとおり、課税売上割合が低いので、大抵の場合は、選択できるのであれば、簡易課税の方が有利となるためである。

自由診療収入の売上が増加してきて、消費税の納税義務を意識するようになったら、併せて簡易課税制度に留意すべきである。消費税簡易課税制度選

㊻　課税期間中の課税売上高（税抜）÷課税期間中の総売上高で計算される（消費税法30⑥）。

㊼　差額ベッド代とは、希望して個室等に入院した場合にかかる費用をいう。基本的に1～4人部屋に入室されたときにかかる費用である。

厚生労働省が公表している資料によると差額ベッド代の平均的な金額は、1人部屋7,478円、2人部屋3,043円、3人部屋2,704円、4人部屋2,325円となっている（厚生労働省資料より）。

択届出書の提出を失念してしまうと低い課税売上割合で仕入税額控除が計算される課税期間が生じ、クライアントに対して大きな損害を与えかねない。

4　控除対象外消費税額等の問題

(1) 課税売上割合が低いこと

前述のとおり、医療機関の場合には、収入の大半が保険診療等、すなわち消費税の非課税売上であることから、課税売上割合はどうしても低くなる㊽。課税売上割合が低いということで、消費税の計算上、売上に係る消費税から控除しきれない仮払消費税等、すなわち、控除対象外消費税額等が多額に発生することになる。

控除対象外消費税額等については、課税売上割合が80％以上である場合には、発生した事業年度の損金に算入することが認められる。

しかし、医療機関の場合には、課税売上割合が80％未満であることも多く、その場合には控除対象外消費税額等を発生事業年度において一度に損金に算入できない場合がある。

(2) 資産に係る控除対象外消費税額等

控除対象外消費税額等の取扱いで注意が必要なのは、資産に係る控除対象外消費税額等㊾が発生した場合である。

高額な医療機器などを購入した場合には、その医療機器などに係る控除対象外消費税額等も多額になる。このような控除対象外消費税額等について一度に損金処理を認めると、税込経理と比較した場合に購入年度の課税所得に与える差異が大きくなる（税込経理の場合には、減価償却費を通じて、耐用

㊽　保険診療が大半を占める医療機関の場合には、課税売上割合が1桁（10％未満）であることも珍しくない。

㊾　法人税法施行令139条の4、所得税法施行令182条の2

年数で損金に算入されることになる)。

したがって、法人税法上は、資産の購入に伴い発生する控除対象外消費税額等のうち一定のものについては、一度に損金処理をするのではなく、5年以上の期間で損金処理[50]することとされている。

高額医療機器などの導入が頻繁に行われる病院では注意が必要となる。

控除対象外消費税額等の取扱い

(控除対象外消費税額等が発生する場合)

①	消費税について税抜処理を行っている場合
②	課税売上割合が95%未満である場合 又は 課税売上高が5億円を超える法人で課税売上割合が95%以上である場合

(控除対象消費税額等の取扱い)

取扱い・処理	控除対象外消費税額等
発生事業年度に損金算入できる	◆課税売上割合が80%以上の場合 ◆個々の資産に係る控除対象外消費税額等が20万円未満である場合 ◆棚卸資産に係るもの
繰延消費税額等として資産計上し、60か月で費用化(発生事業年度は2分の1)	◆上記以外のもの

⑸⓪ 控除対象外消費税額等を繰延消費税額等として、その金額を60で除し、これにその事業年度の月数を乗じて計算した金額の範囲内で、その法人が損金経理した金額を損金の額に算入する(法人税法施行令139の4④)。

なお、その資産を取得した事業年度においては、上記によって計算した金額の2分の1に相当する金額の範囲内で、その法人が損金経理した金額を損金の額に算入する(法人税法施行令139の4③、所得税法施行令182の2③)。

(3) 交際費等に係る控除対象外消費税額等

交際費等に係る控除対象外消費税額等[51]についても留意すべきである。

交際費等については、法人税の計算上、交際費等の損金不算入の取扱いにより、損金算入の制限を受ける。交際費等に係る消費税について、課税売上割合が95％未満である場合や課税売上高が5億円を超える法人で課税売上割合が95％以上である場合には、仕入税額控除の対象とならない消費税が控除対象外消費税額等として残ってしまう。

控除対象外消費税額等については、最終的に経費処理されることになるが、交際費等に係る控除対象外消費税額等については交際費等として損金に算入されたのと同じことになる。そのため、交際費等に係る控除対象外消費税額等については、支出交際費等に含めることで交際費等の損金不算入額の計算を行う。

交際費等に係る控除対象外消費税額等と交際費等の損金不算入額との関係を整理すると次のようになる。

交際費等に係る控除対象外消費税額等の取扱い

<table>
<tr><th colspan="2">経理区分</th><th>処理</th></tr>
<tr><td colspan="2">税込経理</td><td rowspan="2">支出交際費等に含まれる</td></tr>
<tr><td rowspan="2">税抜経理</td><td>仕入税額控除の対象とならないもの</td></tr>
<tr><td>仕入税額控除の対象となるもの</td><td>支出交際費等に含まれない</td></tr>
</table>

[51] 租税特別措置法61条の4。

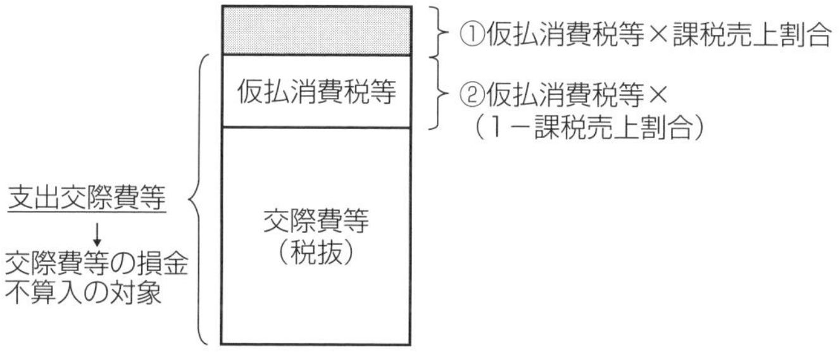

①の部分は仕入税額控除の対象となり、経費計上されない。
②の部分は控除対象外消費税額等となり、経費計上される。

5　消費税に関する月次処理

損金処理ができる控除対象外消費税額等は、通常は、期末に一度に費用化される。

したがって、月次で損益管理を行いながら、期末の予想損益を把握しているような場合には、最後の最後で控除対象外消費税額等が費用化されることで損益が大きくぶれてしまい、結果、月次での損益管理の意味がなくなってしまうことがある。

金融機関や取引先との関係上、慎重な損益管理・損益説明が必要なクライアントについては、控除対象外消費税額等について月次損益に反映[52]させ、最終損益への影響を軽減する措置が必要になる。

たとえば、直前事業年度の課税売上割合に基づいて、毎月、控除対象外消費税額等を費用化することで、控除対象外消費税額等が最終損益に与える影響を抑え、より適正な損益管理を行うことができる。

---

(52)　月次の都度、会計ソフト上で消費税の仮申告を行い、控除対象外消費税額等の金額を把握し、月次決算に反映させるなどの方法が考えられる。

また、税込経理の場合には、控除対象外消費税額等の問題は生じないが、やはり、決算期に納付すべき消費税額等を一度に未払消費税等として計上することになり、最終損益に影響を与える場合があるので、厳密な損益管理が必要な場合には、毎月見込額を計上するなどの対応が望ましいと言える。

実例 12　最後の最後で損益が…

医療法人社団A会は小児科を標榜する診療所を運営している。数年前に分院を開設し、業容の拡大を進めている。

分院開設後に、予防接種の売上が増加傾向にあり、基準期間の課税売上高が1,000万円を超え、消費税の納税義務が発生するに至った。

これまでは消費税についてあまり意識をする必要がなかったこともあり、消費税については税込経理で処理していた。

決算を迎え、消費税額を計算し、決算に反映させたところ税込経理であることから決算で一度に未払消費税額等が計上され、月次での損益予想と少し異なる利益での着地となった。

顛末としては

決算説明の際に、理事長や事務長からはどうして損益予想の利益と最終利益が違うのかと訝られてしまったが、消費税が決算に与える影響をご説明し、納得していただいた。

診療所を経営する医療法人の場合には、消費税の納税義務が生じることが少ないことから税込経理で処理が行われているケースも多い。税込経理を採用していて消費税の納税義務が発生した場合には、最後の最後で（決算で）未払消費税額が計上されることになり、月次での損益予測が狂ってしまうことが多々ある。

金融機関との関係や月次での損益管理を厳密に行いたいという場合には、消費税引当金を毎月計上するなど、月次損益に見込消費税を織り込む工夫が必要になる。

また、税抜経理の場合でも同じように最後の最後で損益がぶれてしまうことが起こり得る。一般に医療機関は課税売上割合が低く、必ず控除対象外消費税額等が発生する。控除対象外消費税額等について期中で何も処理していない場合には、決算の場面で消費税額を確定する決算整理仕訳を起こすことで初めて控除対象外消費税額等が顕在化し、一度に経費計上されることになる。

税込経理であっても税抜経理であっても、月次で丁寧に損益管理を行うのであれば、月次決算にきちんと消費税の影響を反映させることが必要となる。

6　個別対応方式と一括比例配分方式

消費税の仕入税額控除額の計算方式には、個別対応方式[53]と一括比例配分方式[54]の2つの方法がある。一般事業会社においては、個別対応方式を採用し、

---

[53]　その課税期間中の課税仕入れ等に係る消費税額のすべてを、
(1) 課税売上げにのみ要する課税仕入れ等に係るもの
(2) 非課税売上げにのみ要する課税仕入れ等に係るもの
(3) 課税売上げと非課税売上げに共通して要する課税仕入れ等に係るものに区分し、(1)の金額＋((2)の金額×課税売上割合）で計算した金額を仕入税額控除としてその課税期間中の課税売上げに係る消費税額から控除する方法（消費税法30②）。
なお、適用に際しては、その課税期間中の課税額について(1)～(3)に明確に区分されていなければならない。

課税仕入れ等を①課税資産の譲渡等にのみ要するもの、②非課税資産の譲渡等にのみ要するもの、③課税資産の譲渡等とその他の資産の譲渡等に共通して要するものに区分して計算されている。

しかし医療機関の場合では、明確に区分することが難しいので、一括比例配分方式を採用することが多い。

たとえば、一般的な薬品や医療材料は、基本的には保険診療に対応するもの、すなわち、「②非課税資産の譲渡等にのみ要するもの」に区分できるとも考えられるが、患者さんが保険証を忘れてしまったといった場合には、自由診療に対応するものにもなり得るので、「③課税資産の譲渡等とその他の資産の譲渡等に共通して要するもの」に区分される場合もある。

レントゲンなどの医療機器も、保険診療はもちろん自由診療にも使われることが想定されるので、「③課税資産の譲渡等とその他の資産の譲渡等に共通して要するもの」に区分される。しかし、たとえば予防接種を積極的に行っているのであれば、予防接種のためのワクチンの仕入については、明らかに「①課税資産の譲渡等にのみ要するもの」に区分できる。

歯科医院においても、明らかに自費診療に対応する材料や外注している場合の歯科技工士への外注費などは「①課税資産の譲渡等にのみ要するもの」に区分できる。

実務では、仕入業者にきちんとお願いすることで、薬品の請求書をワクチンとそれ以外に区分して発行してくれる場合もあるので、消費税の対応の一環として検討に値する。

---

(54)　その課税期間中の課税仕入れ等に係る消費税額について個別対応方式を適用するために区分されていない場合又は区分されていてもこの方式を選択する場合に適用される。
　その課税仕入れ等に係る消費税額×課税売上割合で計算した金額を仕入控除税額として、その課税期間中の課税売上げに係る消費税額から控除する方法（消費税法30②二）。

7　課税売上割合に準ずる割合

医療機関の消費税への対応として、課税売上割合に準ずる割合[55]を検討する場合がある。 これは、仕入税額控除の計算に個別対応方式を採用している場合に適用が認められるものであり、「③課税資産の譲渡等とその他の譲渡等に共通して要するもの」に係る仕入税額控除額を計算する場合に課税売上割合を乗ずるところ、課税売上割合に代えて課税売上割合に準ずる割合を乗ずることを認める制度である。

この課税売上割合に準ずる割合とは、課税資産の譲渡等とその他の資産の譲渡等に共通して要するものの性質に応ずる合理的な基準により算出した割合をいう。具体的には、使用人の数又は従事日数の割合、消費又は使用する資産の価額や使用数量、使用面積の割合などが挙げられる。

なお、課税売上割合に準ずる割合で計算する場合には、当該課税売上割合に準ずる割合について、税務署長の承認を受けなければならない。税務署長の承認を受けることで承認を受けた日の属する課税期間以後の課税期間から適用を受けることができる。

実例13　課税売上割合に準ずる割合

医療法人社団A会は、都心で3フロアのビルを一括で借り上げ、クリニックを運営している。3フロアのうち、1フロアで通常の保険診療、2フロアで健康診断を展開している。

---

(55)　消費税法30条3項。

仕入税額控除については、明らかに健康診断や予防接種等の自由診療に対応する薬品や材料の仕入れ等について区分することで個別対応方式を採用している。

しかし、経費で大きなウエイトを占めるビルの家賃や水道光熱費、共益費（以下「家賃等」）については、ビルの管理会社から3フロア分を一括して請求されることから、仕入税額控除は、課税資産の譲渡等とその他の資産の譲渡等に共通して要するものに区分しており、結果、課税売上割合の部分のみが仕入税額控除の対象となっている。

フロア構成等から見れば、家賃等については、実態とかけ離れていることは明らかなので、課税売上割合に準ずる割合を申請することになった。

顛末としては

まず、所轄の税務署に課税売上割合に準ずる割合について相談をもちかけたところ、課税売上割合に準ずる割合の承認事例がないようで担当者はやや困惑している様子だった。

クリニックのフロア構成や事業内容などをクリニックの平面図などを用いて説明し、家賃等についてはフロアごとの利用状況からすれば、実態とかけ離れていると考えている旨、当方としては利用実態に即した形で床面積を課税売上割合に準ずる割合として採用したい旨の説明を行った。

結局、担当者からは「お預かりして上層部に相談した上で連絡します」という返事のみであり、何となく後ろ向きという印象。

予想はしていたが、税務署の担当者からの連絡は案の定、なしのつぶて。

仕方なく、こちらから働きかけを行った（できれば、進行期から課税売上割合に準ずる割合を適用して計算したいと考えていたため）。それにより、担当者との間で面談や資料のやり取りを重ねることになった。

やり取りのポイントは、以下の2点について、税務署の担当者が納得するように（担当者が上司に説明しやすいように）いかに説明するかということであったと思う。

① 家賃等については課税売上割合で仕入税額控除を計算するのは利用の実態とかけ離れていること

② 当方が提示する床面積という割合が課税売上割合に代わる割合として妥当であること

結果としてギリギリのタイミングで課税売上割合に準ずる割合の承認を受けることができた。

しかし、担当者との最終面談で、「本件はあくまでも個別で認められた事例ですので、必ずしも他の医療機関が同じように認められるわけではなく、他の税務署が同じように認めるわけではありません。その辺りはくれぐれもお含みおきを」と何度も繰り返されたのが印象的であった。

繰り返しになるが、医療機関の課税売上割合はどうしても低くなってしまうことから、③課税資産の譲渡等とその他の資産の譲渡等に共通して要するものに関する仕入税額控除を計算する際に、単純に課税売上割合を乗じただけでは実態と大きくかけ離れた計算結果になる場合がある。その場合には、課税売上割合に準ずる割合の採用を積極的に検討すべきと考える。

しかし、税務署は課税売上割合に準ずる割合について承認を出すことにかなり神経質になっている印象を受ける。課税売上割合に準ずる割合として適正であることを説明する資料は、税務署が承認を出しやすくする（税務署が第三者から指摘を受けても十分に耐え得る）という、ある意味で手助けの視点が重要だったように思う。

意外だったのが、承認を出すに際して税務当局が実地の調査を行わなかったことである。ケースバイケースであろうが、後日、税務調査で課税売上割合に準ずる割合の妥当性を確認され、場合によっては議論の対象になりかねない。無理な割合で承認を受けようとするのは避けるべきであろう。

8　医療機関とインボイス

医療機関、特にクリニックは、収入の大半が保険診療（消費税の非課税取引）であり、消費税の免税事業者であることが多いということは前述のとおりである。免税事業者である医療機関は、インボイス制度にどう対応すべきであろうか。

ご承知の通り、インボイスを発行できるのは適格請求書発行事業者に限られるが、適格請求書発行事業者を選択すれば、必然的に消費税の課税事業者になってしまう。

問題は、消費税の免税事業者である医療機関が免税事業者であることをやめてまで、適格請求書発行事業者を選択すべきかどうかということである。

インボイスは、請求書を発行する相手方の消費税における仕入税額控除に影響が及ぶ仕組みであるが、医療機関が請求書を発行する相手先は、そのほとんどが患者であって、事業者ではない。事業者ではないから消費税の申告も必要ないし、当然のことながら仕入税額控除のためのインボイスも必要としない。

つまり、医療機関が適格請求書発行事業者を選択せず、インボイスを発行しないからといって、患者は困らないし、そういう意味ではその影響は軽微であるといえる。

しかしながら例外もある。

それは企業相手の取引が多い医療機関の場合である。たとえば、企業単位で従業員の健康診断や予防接種等を受託しているような場合や企業から治験事業を受託しているような場合には、相手先からインボイスを発行するように求められる可能性がある。

ゆえに、こういった企業相手の取引が相応に発生することが見込まれる医療機関は、適格請求書発行事業者を選択するかどうかを検討しなければならない。

現時点で免税事業者である医療機関は、企業取引による収入の占める割合がどの程度なのか、仮に適格請求書発行事業者を選択しなかった場合に失う可能性のある企業相手の取引がどのくらいありそうなのかなど様々な点を考慮に入れて、適格請求書発行事業者を選択し、敢えて消費税の納税義務者になることで生じる消費税の負担を試算し、その判断をしなければならない。

また、ほかの選択肢として、適格請求書発行事業者ではないためインボイスは発行しないが、その代わりに取引価格に消費税は乗せないということを伝えて、企業に取引継続をお願いするという方法もあり得るかもしれない。

前述の通り、免税事業者が敢えて免税であることを捨ててまで適格請求書発行事業者を選択すべきか、慎重な判断が求められる。

なお、免税事業者が適格請求書発行事業者を選択し、課税事業者になるという話はネガティブに捉えがちではあるが、仮に課税事業者になったとしても消費税簡易課税制度選択届出書を提出することで第5種事業となり、50％のみなし仕入率が適用されるので、預かった消費税の半分は手元に残るという理屈になる。

もちろん、消費税の課税事業者になることによって我々に対する税理士報酬など追加で発生する費用を勘案しなければならないが、インボイスを発行できないことで値引きを求められるのであれば、あえて適格請求書発行事業者を選択し、50％は手元に残すという考えもあろう。

その他、令和5年度税制改正においては、免税事業者が適格請求書発行事業者となったこと等により免税点制度の適用を受けられなくなる場合には、課税標準に対する消費税から控除できる消費税額を課税標準額に対する消費税額の8割とする制度（最終的な納税額を課税標準に対する消費税額の2割とする制度）も創設されるなど検証すべき選択肢が増えることにも留意が必要である。

第 6 章

医業承継の支援

ドクターは、富裕層の代表的な存在と言える。

そのため、相続や事業承継の問題は避けて通れない。

個人病医院の事業承継の場合には、事業承継者はドクターでなければならないということはあるものの、他の個人事業と大きな違いはない。

しかし、医療法人の場合には、そもそも医療法人が株式会社と異なる制度であることや医療法の規制の枠の中での対応が求められることが事業承継を難しくする面がある。

特に持分の定めのある社団医療法人の出資持分の承継は切実な問題だ。

出資持分は一般事業会社の株式に相当する財産ではあるが、医療法人は配当が禁止されているので、利益がそのまま法人の内部留保を形成し、相続税評価額に跳ね返る。加えて、持分の定めのある社団医療法人の出資持分の承継を円滑に進めるための制度の後押しはほとんどない。

一般事業会社の株式の承継以上に時間をかけて、慎重に取り組む必要があるといえる。

医業承継支援のきっかけ 01

一般事業会社と同様に医療機関の事業承継（これを私は、あえて「医業承継」という）についても関心の高まりを見せている。

ドクターは、いわゆる富裕層の代表格であることから、相続の問題は避けて通れない。しかし、医者の不養生とはよく言ったもので、多くのドクターは自分の命が尽きること、つまり自分の相続というものへの意識や関心は驚くほど低い。一方で、ちょっとした病気や体調の変化によって、その意識や関心が一気に高まるのもドクターならではの特徴である。

私が税務顧問などで継続的にお付き合いをさせていただいているクライアントの医業承継を支援するきっかけの多くはご本人に病気やケガ、体調の変化などが起きた場合である。一般事業会社の事業承継と同様に、医業承継も当事者の意識が追い付いてこなければ円滑に進めることは難しい。当事者の関心、意識が高まったところを逃さずに効果的なご提案ができるかどうかがポイントであろう。

また、当事者の意識にかかわらず、周りの意識の高まりから支援がスタートする場合もある。

たとえば、後継者である。親の医療機関を承継するに際して、「兄弟が多いけど相続の問題は大丈夫なのか」、「親の遺産の全貌が分からない。負債はどのくらいなんだろう？」など、後継者側に親からの相続をどうするかという意識が芽生えた時に後継者からご相談を受けることもある。

そして、医療機関の事務長①。理事長や奥様、ご親族は相続について全く関心がないが、「相続が発生したとして相続税の納税のために医療法人のお金を使わざるを得ないのではないか」、「後継者がはっきりしない中でいざ事が起きた時に法人経営が混乱しないだろうか」など、医療機関という組織を

---

① 医療機関はドクターを中心とした医療従事者が組織の中心であるが、事務の中心的役割を担うポジションのことを一般的には事務長という。事務長は、医療事務・人事・経理・総務といった医療機関の事務のほとんどをつかさどることになる。

守るという視点で事務長などの事務方からご相談を受ける場合もある。
後継者や事務長から相談を受ける場合には、どうしても当事者の反応（下手に進めてしまうと「俺が死んだ後の話をしているのか！」など……）をうかがいながら進めることになるので、非常に神経を使うし、思うように進まないことは多くあるが、それでも医業承継支援のきっかけであることは間違いない。
大切なことは、ドクターであるがゆえに一般の人よりもかなり意識の低い自身の相続について、関心を持ってもらうきっかけを見逃さないということであろう。

支援を行うに当たって最初に確認すべき事項　02

医業承継であっても、基本的には一般事業会社の事業承継を支援する場合のアプローチと大きな違いはない。しかしながら、以下の点については、一般事業会社の事業承継を支援する場合とは異なる視点を持つ必要がある。

(1) “ドクターである” 後継者がいるか否か (2) 親族バランス・財産バランスの確認 (3) 医療事業の組織形態はどのようなものか

1　“ドクターである” 後継者がいるか否か

後継者がいるか否かは、一般事業会社の事業承継においても非常に重要なポイントであるが、医業承継の場合には、“ドクターである” 後継者がいるか否かという視点で確認する必要がある。院長など医療機関のトップ[②]はドクターでなければならず、医療法人の理事長も原則としてドクターでなければならない。医業承継を考える上では、後継者が “ドクターである” ことが重要なのである。

もし、ドクターである後継者がいないのであれば、一般的に行われる親子間の承継とは異なる承継のスタイルを検討する必要がある。

2　親族バランス・財産バランスの確認

ドクターである後継者がいる場合、ドクターでない親族やドクターではあるものの事業を引き継がない親族がいるかなど、相続人全体を俯瞰して、そ

② 病院、診療所であれば院長、介護老人保健施設であれば施設長と呼ばれることが多い。
必ずしも医療機関のトップ＝医療法人の理事長という関係にはない。

れぞれの相続人の置かれている立場や状況を確認することが大切である。

というのも、医業承継の場合には財産構成がアンバランスになりがちで、いわゆる「争族」になりやすいという傾向があるからである。たとえば、先代が医療に一生懸命であり、財産構成が医療法人の出資持分などの病医院関係の財産に偏っている場合、病医院関係の財産を後継者に相続させるとすると後継者以外の者に相続させるべき財産が少なくなってしまい、後継者以外の者に不公平感が募ってしまうということになる。

医業承継の場合は、財産のアンバランス問題に対応する手段も限られているので、一般事業会社以上に財産バランスと親族バランスを意識する必要があると言える。

3　医療事業の組織形態はどのようなものか

現在の組織類型も重要なポイントとなる。「個人なのか、医療法人なのか」、「医療法人であれば、持分があるのか、ないのか」等である。

組織類型により医業承継のアプローチが全く異なってくるので、定款等から現在の組織形態を確認することも大切である。

持分の定めのある社団医療法人の相続 03

1　出資持分の相続

持分の定めのある社団医療法人③の出資持分は、一般事業会社に準じて評価される。

ただし、配当が禁止されていることから配当還元方式の適用はなく、また、類似業種比準価額の比準要素に配当は含まれない。また、出資口数と議決権がリンクしない④ため、議決権割合が50％以下の同族株主グループに属する同族株主が取得する場合に80％を乗じた金額を純資産価額とする取扱いの適用はない。

時々、医療法人の出資持分の評価額をチェックさせていただくことがあるが、上記の留意点を考慮せずに一般事業会社と同じように評価してしまっているケースが見受けられる。出資持分の評価方法には、医療法人の制度上の制約がきちんと考慮されているという点に留意が必要である。

2　出資持分を相続する上での課題

出資持分の相続は、多くの医療法人経営者にとって悩みの種である。

(1) 出資持分の相続税評価額は右肩上がり

出資持分の評価額は、右肩上がりで上昇しやすい傾向にある。というのも、医療法人は医療法で配当が禁止⑤されていることから、税引後の利益がその

---

③　持分の定めのある社団医療法人など医療法人の類型については57頁参照。

④　会社であれば、原則として株式数に比例して議決権が与えられるが、医療法人の出資持分についてはそれ自体議決権を保証するものではない。つまり、医療法人の出資持分を100％所有しているとしても医療法人の議決権のすべてを押さえているということにはならない。

出資持分と株式の違い

	社団医療法人の出資持分	一般事業会社の株式
配当請求権	なし 医療法人は配当が禁止されている	あり
議決権	・出資持分と社員総会における議決権は無関係（議決権を行使するためには、社員総会の承認を得て社員になる必要がある） ・社員の議決権は、出資のシェアにかかわらず、社員1名につき1票	・原則として、1株につき1票

出資持分評価の留意点

配当還元方式	なし
類似業種比準価額	$A\times\frac{\frac{(C)}{C}+\frac{(D)}{D}}{2}\times$斟酌率 ※比準要素のうち配当の要素はなし
	類似業種は【113】その他の産業 ※【109】医療・福祉ではない
純資産価額	議決権割合50％以下の同族株主グループに属する同族株主が取得する場合について80％を乗じた金額を純資産価額とする取扱いの適用はない

⑤　医療法人は、剰余金の配当をしてはならない（医療法54）。医療法人の配当禁止に関する詳細は105頁参照。

まま医療法人の内部留保を形成することになり、その結果、内部留保の蓄積が出資持分相続税評価額に反映されてしまうためである。

毎年度確実に利益が計上されれば、大抵の場合は、出資持分評価額は右肩上がりに上昇することになる。

実例 1　出資持分評価額の高騰

病院を経営する医療法人（持分の定めのある社団医療法人）の理事長であるA氏から出資持分の評価額の試算の依頼を受けた。

A氏の経営する医療法人は地域に根差した医療を展開し、順調に経営を続けてきた。A氏自身、今まで何度となく、出資持分の相続は大変と耳にする機会があり気になっていたが、健康には自信があったし、法人経営の忙しさもあってどんどん先送りしてきた。

加えて、ここ数年は病院の経営は順調ではあるものの、以前に比べて大きな利益を計上することはなくなってきたこともあって、「まあ大丈夫であろう」という根拠のない安心感もあった。

しかし、昨年に体調を崩したことで、急に相続を意識するようになったことから、出資持分の評価額を試算してもらおうということで今回の依頼に至った。

実際に試算してみると、A氏の医療法人は業歴も長く、堅実な経営で確実に利益を積み上げてきた医療法人であったことから、出資持分はA氏の想像をはるかに超える評価額であった。

報告の際、A氏は大変驚き、一言、「この評価額ではとても相続は乗り切れんぞ……」。

顛末としては

医療法人の理事長が、出資持分について無関心、または、気になるものの先送りしてしまうというケースは多い。医療法人の事業承継の支援をしていると本事例のようなケースにたくさん遭遇する。気になってはいたものの、いざ蓋を開けてみたらやっぱり大変ということになるのである。

誤解を恐れずに言えば、「医者の不養生」ではないが、ドクターであるがゆえに自身の余命については意識されないことが多いように思う。その結果、医療法人の事業承継への着手は後手に回りがちである。

一般事業会社の事業承継対応でも同じであるが、まずは、出資持分評価額を把握すること、そして将来の評価額上昇予測を立てることが医療法人の事業承継対策の第一歩である。

(2) 出資持分の分散がもたらすトラブル

もう1つ厄介なのは、医療法人の出資持分は、医療法人の経営者（医療法人を承継する者）にとってのみ保有する意味がある財産であるということである。

配当が禁止されているため配当を享受するというメリットはないし、一般事業会社の株式に比べて換金性に乏しい。にもかかわらず、前述のとおり、一般事業会社の株式に準じて評価される。

医療法人の経営者（医療法人を承継する者）以外の者が出資持分を持っていても経済的メリットがないだけでなく、持ち続けることで相続税に備えなければならないことにもなる。

実例2　事業承継者以外の者が出資持分を相続した

ドクターではない会社員の方から医療法人の出資持分について相談を受けた実例である。

この方の職業はドクターでも医療法人の経営者でもない、とある民間企業の研究職。その会社に長年勤められて、リタイア間近ということであった。

リタイア後の生活に思いを馳せる機会も増えてきた中で、相続税のことを考えることもあるのか、自分が父親の相続の際に医療法人の出資持分を相続したことを思い出した。

ドクターであり医療法人の経営者でもあった父親の相続は、母親に先立たれたこともあって、ドクターである兄と自分の2人が相続人であった。兄との関係は、当時も今も良好で、父親の相続についても基本的には相続分に応じた分割、つまり、半分ずつ相続することを基本線に遺産分割が行われた。父親の遺してくれた財産の中に医療法人の出資持分があり、当時は、特に意識することなく出資持分を含めて半々で相続した。

医療法人の経営は、当然、ドクターである兄が承継したが、やり手であった兄は、医療法人の規模を更に拡大し、業績も急拡大して今に至っているとのこと。

自分の相続を意識したとき、ふと、出資持分の評価額が気になりだした。兄の手腕で医療法人の規模も業績も拡大していったことで、出資持分もそれ相応の価値になっているのではないか。自分の子供たちにドクターはいないし、これから先、医療法人の経営に関与することも考えられない。しかし、もしものことがあった場合には、出資持分は子供たちが相続することになり、出資持分の価値に応じた相続税の負担を強いることになるのではないか。不安を感じて、相談に来られた次第である。

顛末としては

医療法人の出資持分は、極論を言えば、医療法人の経営に携わる者にのみ重要な資産であって、医療法人の経営に関係のない者にとってのメリットはほとんどない。事実、出資持分を持っていても配当が禁止されていることから、経済的メリットもないし、換金性が低いにもかかわらず、相続税評価額は一般事業会社に準じて評価されてしまう。

実は、本事例のようなケース、つまり、医療法人の経営に関係のない者が出資持分を相続したり、贈与を受けたりした結果、相続税の負担に悩まれるというケースは意外と多い。

当事者はドクターでもないし、医療法人の経営にも関係がないにもかかわらず、出資持分を持っているがゆえに財産持ちになってしまい、相続税の負担が重くのしかかる。この場合の対応策としては、現在の医療法人経営者である兄とコミュニケーションを取りながら出資持分の払戻請求を行い、換金を進めることが基本となる。

関係の良い（関係の強い）兄弟間で出資持分の問題を解消できなければ、出資持分の問題は次世代に持ち越されることになり、より一層解決が難しくなってしまうこともある。

そもそも、医療法人の出資持分は上述のような特殊性があるということを意識し、安易に分散させるのではなく、医療法人の経営を承継する者に集中させることが望ましいと言える。

(3) 遺産のアンバランスがもたらすトラブル

出資持分には財産的価値がないわけではない。退社に伴う払戻請求権と医療法人が解散した場合の残余財産分配請求権が認められているためである。これらの権利は、出資持分の所有に応じて医療法人から財産の払戻しや分配を受けることができる⑥ものである。

そういう意味で言えば、医療法人の経営に関係のない相続人にとっても立派な財産、換金可能性のある財産であるから、もしも、医療法人の経営に関係のない者（後継者以外の者）が出資持分を相続した場合には、その者は払戻請求権に着目し、しかるべきタイミングで払戻請求権を行使して、換金しようと思うのは自然な流れであろう。

一方、医療法人の後継者にとっては、いつ払戻請求権を行使されるかという不安、潜在的なリスクを抱えながらの経営を強いられることになる。

実例3　遺産のアンバランスによる混乱

遺産が出資持分に偏ってしまっていたため、後継者でない者に出資持分を承継せざるを得なくなってしまった事例である。

ドクターであるAは、突然生涯を閉じた父親の跡を引き継ぎ、父親の経営していた医療法人の理事長に就任した。

既に母親も亡くなっているため、父親の相続に伴う相続人はAのほかに、妹のBの2人であった。妹は、ドクターの道は歩まず、大学時代の同級生と結婚し、幸せな生活を送っている。

医療法人経営一筋の人生であった父親が残してくれた主な遺産は、自宅、預金と株式、そして、医療法人の出資持分である。

Aとしては、医療法人の出資持分は当然に自分が相続するものと思っていたが、妹はあくまでも父の遺産は法定相続分に従って半々であるべきだと主

⑥　持分の定めのある社団医療法人の定款には、払戻しについて「社員資格を喪失した者は、その出資額に応じて払戻しを請求することができる」、解散に伴う財産の分配について「本社団が解散した場合の残余財産は、払込済出資額に応じて分配するものとする」と定めていることが多い。

張。遺産分割の話し合いは、平行線を辿った。

遺産の評価額を試算すると出資持分の評価額が圧倒的に高く、遺産のうちの多くの割合を占めることになる。そのため、妹の主張に沿うと医療法人経営に関係のない妹が出資持分の一部を承継せざるを得ない。

どこから聞いてきたのか、妹は医療法人の出資持分の払戻請求権についても知っているようであり、妹に出資持分を承継させることは避けたいと考えている。

顛末としては

妹には、医療法人の出資持分の財産的な特徴（配当が禁止されていることなど）を丁寧に説明し、理解を求めたものの、結局、法定相続分に応じた遺産分割で対応することになり、医療法人の出資持分の一部を妹が相続することになった。

これにより、払戻請求権を行使される潜在的なリスクを抱えながらの経営を余儀なくされてしまっている。また、将来的に持分の定めのない社団医療法人や特定医療法人・社会医療法人への移行を検討するとしても、妹が出資持分の放棄に応じない場合には払い戻しに応じるほかなく、選択肢が狭まってしまっている。

この問題については、出資持分が次の代に相続されてしまうと、いとこ間の持ち合いになってしまい、解決がより難しくなることからAとBの世代での整理を試みている。

事業承継支援に関する制度の未整備 04

前述のとおり、出資持分については、医療法人を承継する者に集中して承継されるのが望ましいのであるが、持分の定めのある社団医療法人については、事業承継税制の整備がほとんどなされていないことがそのことを難しくしている面もある。

制度の使いやすさについての議論はあるものの、一般事業会社の場合には、非上場株式等についての相続税・贈与税の納税猶予及び免除制度⑦がある。しかし、持分の定めのある社団医療法人の出資持分については適用対象とされていない。また、遺留分に関する民法特例も適用対象ではない。

医療法人の事業承継に係る税の取扱い

規定・制度	医療法人の場合
非上場株式に係る贈与税・相続税の納税猶予及び免除	社団医療法人の出資持分については適用されない
社団医療法人の出資持分の評価方法	配当が禁止されている等の医療法人固有の規制が評価方法に影響
社団医療法人の出資持分の物納	社団医療法人の出資持分の物納不可
小規模宅地等の減額金額	基金拠出型・拠出型・財団医療法人へ貸し付けている不動産については、特定同族会社事業用宅地等には該当しない
基金の評価	貸付金債権等として評価 （無利息であることから利息は考慮しない）

⑦　会社の後継者である相続人等が、相続等によって非上場会社の株式等を先代経営者である被相続人から取得し、その会社を経営していく場合（相続税）や会社の後継者である受贈者が、贈与によって非上場会社の株式等を先代経営者から全部又は一定数以上取得し、その会社を経営していく場合（贈与税）には、納付すべき相続税・贈与税の納税が猶予され、要件を満たせば免除される制度。医療法人は対象外。

分割制度が創設されたものの… 05

平成28年9月1日施行の改正医療法で分割制度が創設された。これにより、医療法に定める組織再編手法は合併と分割の2種類となった。

分割制度は、医業承継が抱える問題、たとえば、兄弟で医業承継するようなケースの解決策として活用できるのではという期待があったが、実際は医業承継においてはかなり活用しづらい仕組みとなった。

医療法の分割の大きな特徴は、出資持分の定めのある社団医療法人は適用対象外、つまり、出資持分のない社団医療法人や財団医療法人のみが適用対象とされた点にある。また、持分のない医療法人が適用対象であることから税制適格要件を満たそうとすると共同事業要件⑧で判断するほかなく、いわゆる単独新設分割（1つの医療法人がその事業に関して有する権利義務の全部または一部を新たに設立する医療法人に承継させる分割）は、医療法上では認められるものの、税制適格分割にはなり得ない。

以上のような制約を持つ分割制度であるが、その活用について医業承継でよく直面する事例に当てはめてみる。

実例4　後継者候補は2人、承継する法人は1つのケース

A病院とB病院の2つの病院を運営する医療法人C会の理事長Dには、長男と次男がおり、両名ともドクターである。

Dは年齢的なこともあって、今は現場を離れ、それぞれ長男にはA病院の運営を、次男にはB病院の運営を任せていた。

---

⑧　共同事業要件とは、①金銭等不交付要件、②事業関連性要件、③事業規模要件又は経営参画要件、④主要資産引継要件・従業員引継要件、⑤事業継続要件、⑥株式継続保有要件からなるが、医療法人の分割は持分のない医療法人が前提となるので、⑥株式継続保有要件の判断は不要とされる。

病院運営上、長男も次男も多少の意見の食い違いなどはあったものの、それぞれ別の病院の運営責任者であったため、理事長Dを中心に大きなトラブルもなく過ごしてきた。

ある日、理事長であるDが突然亡くなり、Dの出資持分、すなわち、長男、次男のどちらを医療法人の後継者とすべきかという問題が勃発した。

顚末としては

後継者については、Dから明確な方針が示されていなかったことが混乱に拍車をかけた。

長男、次男とも譲らず、遺産分割は大揉め。更に長男、次男にそれぞれの病院の事務スタッフが加わって、医療法人全体の雰囲気が悪くなった。県からも理事長の選任を急ぐように何度も指導があった。

県に対して事情を説明し、医療法人の事実上の分割ができないかを相談したが、そもそも制度が存在しないこと及び病床は医療法人C会に対して許可しているものであり、別の医療法人に移管する場合には改めて手続を行う必要があることなどを理由に認めてもらうことはできなかった。

しびれを切らした次男は医療法人C会の理事を退職する条件として多額の退職金を要求。その退職金を原資に別の場所でクリニックを開業することになった。次男の退職とともに、B病院の優秀なスタッフの一部が退職し、一時的にB病院の運営が大混乱に陥り、B病院の業績は大幅に悪化した。

遺産分割は継続中であり、結果として医療法人を承継した長男はなかなか経営に集中できない環境に頭を悩ませている。

実際に事例のケースを支援した当時は分割制度がなかったが、本事例のケースに新設された分割が活用できるかどうかを検討する。

結論としては、いくつかのハードルを乗り越えさえすれば分割制度を活用することで、たとえばB病院を分割し、次男に承継させることで医業承継が達成できる場合もあり得る。

そのためには、まず、出資持分をどうするかという決断をしなければならない。

適用対象が出資持分のない医療法人である以上、兄弟が出資持分を維持することに拘る（出資持分のない社団医療法人へは移行しない）ということであれば、分割を活用することはできない。

本事例の場合には相続開始後に勃発した問題なので、兄弟間で出資持分のない社団医療法人に移行することに合意できれば、後述する認定医療法人制度（237頁参照）を活用して相続税の納税猶予、免除を経て、出資持分のない社団医療法人に移行することも検討できる。

次のハードルは、分割の際の税の問題である。

持分のない医療法人の分割であることから税制適格要件を満たそうとすると共同事業要件を満たさなければならない。しかしながら、本事例は単独新設分割になるため共同事業要件を満たせず、税制非適格分割となるため、分割時の法人税等の負担を検討しなければならない。仮に分割対象資産が含み益のない資産であれば、不動産取得税等の負担は適格分割に比べれば大きいものの、税制非適格分割で進めるという判断に至るかもしれない。

また、時間的な制約もある。

認定医療法人の認定を受け、出資持分のない社団医療法人に移行するまでに相応の期間を要し、その上で分割の認可を取得するまでに更に相応の期間を要する点にも留意が必要であろう。もしも、分割制度を活用しない（できない）ということであれば、事業譲渡方式、たとえば、次男が医療法人を新設し医療法人C会からB病院を事業譲渡で買い取る方法も考えられなくはない。この場合には、病床の移転が簡単ではない。本事例の場合には、B病院の病床許可は医療法人C会に与えられているものであって、B病院の運営主体が医療法人C会から次男が受け皿として設立する医療法人に変わる場合には、原則として、一旦病床を返上し、しかるべき手続を経て、地域で病床の獲得を希望する医療機関に配分されることになる。

以上のように、本事例のようなケースは、種々検討しなければならないハードルがあるので本事例のような問題が生じそうなクライアントについては、分割制度の活用の是非も含めて、早めに承継準備に着手することが肝要であるといえる。

持分の定めのある社団医療法人独特の承継スタイル　06

持分の定めのある社団医療法人の事業承継には、一般事業会社にはないスタイルが存在する。

1　特定医療法人・社会医療法人への移行

特定医療法人・社会医療法人⑨への移行とは、端的に言えば、公益的な医療法人へ移行⑩することである。

公益的な医療法人であることから、役員に占める同族関係者の割合は3分の1以下であることや役員報酬には上限が設定されるなど厳しい運営体制が要求される。また、いずれの医療法人も出資持分を認めていないため、移行に際して持分の定めのある社団医療法人の場合には、出資持分を放棄⑪する必要がある。

出資持分の放棄により、出資持分が存在しなくなるので、当然、出資持分に対する相続税の心配もなくなる。この点だけを捉えれば、究極の相続税対策と言える。

特定医療法人・社会医療法人の概要

◆特定医療法人

定義	その事業が医療の普及および向上、社会福祉への貢献その他公益の増進に著しく寄与し、かつ、公的に運営されている医療法人として国税庁長官の承認を受けたもの
税制優遇	法人税率が19％（年800万円までの所得部分は15％）

⑨　262頁参照。

⑩　公益的な医療法人として特定医療法人・社会医療法人が挙げられる。どちらも公益性の高い運営が求められる（租税特別措置法67の2、医療法42の2）。

⑪　特定医療法人や社会医療法人の場合には、公益性を担保するために持分の定めのある社団医療法人については払戻請求権や残余財産分配権を認めず、解散時の残余財産は国等に帰属するように定款の変更を求められる。

◆社会医療法人

定義	救急医療や周産期医療、へき地医療など（以下「救急医療等確保事業」）公益性が高いものの、不採算になりがちな医療の担い手として、都道府県知事の認定を受けたもの。一定の範囲で収益事業を営むことも認められている。
税制優遇	医療保健業の法人税は非課税 救急医療等確保事業の用に供される業務の用に供する固定資産の不動産取得税、固定資産税等は非課税

特定医療法人・社会医療法人の主な要件

両者に共通の要件
●運営組織が適正であること ●役員等のうちに同族関係者の占める割合が３分の１以下であること ●役員等法人関係者に対する特別の利益の供与が行われないこと ●残余財産の帰属先が国、地方公共団体、公益法人等に限定 ●法令違反の事実なし
特定医療法人
○社会保険診療報酬等に係る収入金額が全収入金額の80％超 ○自費患者に対する請求が社会保険と同一 ○医業収入が医業費用の150％以内 ○報酬制限（年3,600万円以下） ○原則40床以上又は救急告示病院 ○15床以上の救急告示診療所 ○差額ベッドが全病床数の30％以下
社会医療法人
○社会保険診療報酬等に係る収入金額が全収入金額の80％超 ○自費患者に対する請求が社会保険と同一 ○医業収入が医業費用の150％以内 ○役員及び評議員に対する報酬等の支給基準を明示 ○病院又は診療所のうち１以上のものが救急医療等確保事業に係る業務を行っていること

2　持分の定めのない社団医療法人への移行

特定医療法人や社会医療法人のような公益的な医療法人へ移行しないまでも、単に出資者全員が出資持分を放棄して持分の定めのない社団医療法人へ移行することもできる。この方法であっても、出資持分の放棄によって出資持分は存在しなくなるので、出資持分に対する相続税の心配はなくなる。

ただし、特定医療法人・社会医療法人への移行と異なり、出資者全員が出資持分を放棄するタイミングで、原則として医療法人に対する課税、具体的には、出資持分の放棄に伴い消滅する出資者の権利に係る経済的利益に対して、医療法人を個人とみなして贈与税が課税[⑫]される場合があるのだ。これは、出資持分の放棄に伴って、持分の定めのある社団医療法人が負っている2つの義務（社員退社時の払戻請求権に応じる義務及び解散時の残余財産分配請求権に応じる義務）が消滅することにより経済的利益が生じるためである。

法人である医療法人に対して個人の税目である贈与税が課税されるということに違和感を覚えるかもしれないが、出資持分の放棄という行為がなければ、将来課税されたはずの出資持分に対する相続税や贈与税を出資持分が放棄されるタイミングで経済的利益を受ける法人から徴収しておくという趣旨であるといえば少しは納得できるのではないだろうか。

以上のような課税が発生することなどから出資持分の放棄、すなわち、持分の定めのない社団医療法人への移行は思うように進まなかった。そこで持分のない社団医療法人への移行を円滑に進めるために認定医療法人制度の見直しが行われた（237頁参照）。

---

⑫　医療法人の持分を放棄した場合には、原則として医療法人を個人とみなして、これに贈与税又は相続税を課するものとされている（相続税法66④）。

この見直しにより、認定医療法人制度を活用して持分の定めのない社団医療法人への移行が増えることとなった。

3　放棄に伴う贈与税課税が行われない場合

上記2のように特定医療法人や社会医療法人への移行ではなく、出資持分が放棄された場合であっても、医療法人に対する贈与税が課税されないという取扱いがある。上記1で述べた、特定医療法人の承認や社会医療法人の認定を受けるために必要とされる要件と同程度の要件を満たしていると認められる場合には、出資持分が放棄されたことに伴う医療法人への贈与税課税は行われない。

つまり、実際に特定医療法人の承認や社会医療法人の認定を受けないまでも、その気になれば特定医療法人や社会医療法人に移行できるだけの運営体制があれば、医療法人への贈与税課税は行わないということである。

では、特定医療法人や社会医療法人と同程度の運営体制であるかどうかはどのように判断されるのか。

これは、納税者自身の判断ということになる。

特定医療法人であれば国税庁長官の、社会医療法人であれば都道府県知事のいわゆる「お墨付き」がもらえるので、課税関係が不安定になることはない。しかしながら、単に出資持分を放棄した場合は、特定医療法人や社会医療法人と同程度の運営体制であることにつき、第三者からのお墨付きはない。納税者（医療法人）自身が「うちは要件を満たしている。だから、贈与税の申告納税はしない」という判断をすることになる。

しかし、あくまでも納税者自身の判断であるから、後日、税務調査等でその判断が覆されてしまうリスクが残る。

このリスクを避けるために事前に税務当局に相談することも考えられるが、ご承知のとおり、このように複雑な要件判断を必要とすることについて、税務当局から事前に明確な回答を得るのは難しい。

以上のことから、単に出資持分を放棄することに伴う医療法人への贈与税課税の判断（特に、納税しないという判断）については、慎重の上にも慎重を期して検討されるべきであることを知っておきたい。

なお、この不安定な課税関係については、後述する認定医療法人制度を活用することで解消できる（237頁参照)。

出資額限度法人　07

1　出資額限度法人とは

持分の定めのある社団医療法人の出資持分には、払戻請求権⑬と残余財産分配権⑭が存在する。払戻請求権は、出資持分を持つ社員が退社する際に出資持分に応じて払戻しが受けられる権利をいい、残余財産分配権は医療法人が解散する際に医療法人の残余財産について出資持分に応じて分配を受けられる権利をいう。

この払戻請求権に伴う払戻し額及び残余財産分配権に伴う分配額を定款において当初出資額に制限する医療法人を出資額限度法人⑮という。

一般的な定款では、退社に伴う払戻しについて「社員資格を喪失した者は、その出資額に応じて払戻しを請求することができる」と定められており、払戻し額については、種々の議論があるものの、原則として時価純資産に基づいて計算されるものとされている。

時価純資産に基づいて計算するとなれば、業歴の長い医療法人や多額の含み益のある資産を有する医療法人の場合には払戻し額は莫大な金額になることもあり、払戻しに応じることで経営に悪影響をもたらすことになりかねない。

また、出資持分の相続税評価額が一般事業会社の株式に準じて評価される背景として、これら払戻請求権及び残余財産分配権が持つ潜在的な経済的価値に着目している面がある。

払戻し額や残余財産の分配金額を定款において当初出資額に制限することで、払戻しによる医療法人の財産の流出を防ぐという目的を達成するとともに、あわよくば出資持分の相続税評価額の考え方が見直されるのではないか

---

⑬・⑭　216頁の注釈⑥参照。

⑮「出資額限度法人」とは、出資持分の定めのある社団医療法人のうち、定款において、社員の退社時における払戻額や解散時における残余財産の分配額を払込出資額を限度とすることを明らかにしたものをいう。

…ということで出資額限度法人という発想が生まれたと言える。

しかし、出資額限度法人にすることで、払戻しにより医療法人の財産の流出を防ぐという目的は果たせることになったものの、出資持分の相続税評価額が見直されるのではという当初の期待に応えるものにはならなかった。

この点については、未だに誤解が存在する。

つまり、「うちは出資額限度法人に定款を変更しているから出資持分の相続対策は特に必要ないんですよ」という誤解である。

2　出資額限度法人への手続

出資額限度法人への移行は、以下の定款条文の変更を伴うので都道府県等に対して定款変更の認可申請⑯を行うことになる。

第9条

(変更前)

社員資格を喪失した者は、その出資額に応じて払戻しを請求することができる。

(変更後)

社員資格を喪失した者は、その出資額を限度として払戻しを請求することができる。

第34条

(変更前)

本社団が解散した場合の残余財産は、払込済出資額に応じて分配する

⑯　出資額限度法人への移行については、払戻請求権や残余財産分配権に関する定款の定めを変更する必要があるので、都道府県知事に対して定款変更認可申請が必要となる。

ものとする。

（変更後）

本社団が解散した場合の残余財産は、払込済出資額を限度として分配するものとし、当該払込済出資額を控除してなお残余があるときは、社員総会の議決により、○○県知事の認可を得て、国若しくは地方公共団体又は租税特別措置法（昭和32年法律第26号）第67条の2に定める特定医療法人若しくは医療法（昭和23年法律第205号）第42条の2に定める社会医療法人に当該残余の額を帰属させるものとする。

なお、出資額限度法人への定款変更は、出資者の払戻請求権及び残余財産分配権に直接制限を加えるものであることから、出資額限度法人に移行することについての出資者全員の同意（署名・実印押印）及び印鑑証明書の添付を求められる場合がある。

定款変更認可を出した後に実際は出資者の同意が得られていないことが発覚すると、定款変更認可を出した都道府県知事の責任が問われることがある。出資者全員の確実な意思確認を行うのは、そのようなことを防ぐ意味があると思われる。

3　出資額限度法人の税務上の取扱い

出資額限度法人は、払戻しによる払戻し額及び解散に伴う分配額が当初出資額に制限されるため、出資者が享受する経済的利益は当初出資額となる。よって、出資持分の相続税評価額も当初出資額になるのではと考えがちであるが、そうはならない。

以下、それぞれの時点での医療法人、出資者等の課税の取扱いを整理する。

(1) 出資額限度法人への移行時

定款を変更し、出資額限度法人に移行した時点では、医療法人にも出資者にも課税は生じない。

(2) 退社時

出資額限度法人の社員が退社[17]した場合には、どのような取り扱いになるのであろうか。

たとえば、3人の出資者（A・B・C）が当初出資額10ずつ出資し合って設立した社団医療法人につき出資額限度法人に移行したものとする。その後、出資者の1人（A）が退社し、払戻しを受けた場合の課税関係はどのようになるだろうか（出資者1人当たりの剰余金は10とする）。

払戻しを受けたAは、当初出資額がそのまま戻ってくるだけであることからAに対する課税は生じない。しかし、残存出資者であるB及びCに対しては、Aが医療法人に残した剰余金について価値移転があったものとして贈与税が課税されることになる。

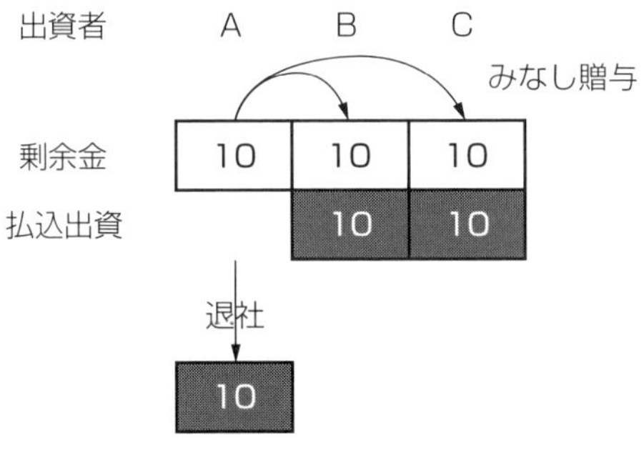

⑰ 持分の定めのある社団医療法人の定款においては、退社事由に関して「社員は、次に掲げる理由によりその資格を失う。(1) 除名　(2) 死亡　(3) 退社」と定めている。

(3) 相続発生時

上記（2）と同じ前提で、今度は出資者Aに相続が発生した場合の課税関係を考える。この場合は、出資を引き継ぐ出資者Aの相続人が出資についてどのような対応をするかによって課税関係が異なる。

① 出資持分を相続した者（A′）が払戻しを受ける場合

出資を引き継いだA′が払戻しを受ける場合には、実際に払戻しを受けた金額、すなわち、当初出資額を相続税評価額とし、相続税が課税される。

一方で残存出資者に対しては、上記（2）と同様に払戻しにより医療法人に残された剰余金について価値移転があったものとされる。

なお、この場合において、残存出資者が出資者Aから相続等により他の財産を取得しているときには、みなし贈与による利益は、当該他の相続財産に加算され相続税の課税対象となる。

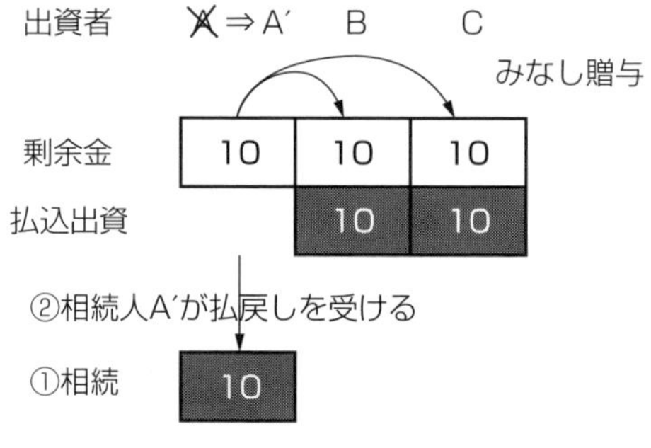

② 出資持分を相続した者（A′）が払戻しを受けない場合

出資を引き継いだA′が出資持分とともに社員の地位を引き継いだ場合には、通常どおりの相続税評価額で評価される。

なお、この場合には、剰余金の価値移転は生じないことから残存出資者に対する贈与税課税は生じない。

(4) 贈与税が課税されないためには

上記 (2) 退社時及び (3) 相続発生時の①出資持分を相続した者 (A′) が払戻しを受ける場合には、残存出資者に対して贈与税等が課税されるが、次に掲げる4つの要件を満たせば、残存出資者に対する贈与税等は課税されない。

出資額要件	出資者の３人及びその者と特殊の関係を有する出資者の出資金額の合計額が出資総額の50％を超えていないこと
社員数要件	社員の３人及びその者と特殊の関係を有する社員の数が総社員数の50％を超えていないこと
役員数要件	役員のそれぞれに占める親族関係を有する者及びこれらと特殊な関係がある者の数の割合が３分の１以下であることが定款で定められていること
特別利益供与要件	当該出資額限度法人の社員（退社社員を含む）、役員（理事・監事）又はこれらの親族等に対し特別な利益を与えると認められるものでないこと

出資額限度法人の時点別の課税関係

時点	退社出資者（相続人）	残存出資者	医療法人
移行時	なし	なし	なし
退社時	なし	残存出資者Ｂ・Ｃに対して贈与税課税	なし
死亡＋払戻しあり	実際に払戻しを受けた金額で評価されて相続税課税	残存出資者Ｂ・Ｃに対して贈与税課税 ※残存出資者Ｂ・ＣがＡから相続等により他の財産を取得している場合には、価値移転部分は、当該他の相続財産に加算され相続税の課税対象となる。	なし
死亡＋払戻しなし	通常の相続税評価額で相続税課税	なし	なし

実例5　共同設立した医療法人を出資額限度法人に

医療法人社団甲会は、3人のドクター（A・C・E）が共同で設立した医療法人である。

なお、設立者3人の間には親族関係はなく、設立後、医療法人に大きな貢献が認められる者等に対して出資持分の贈与等が行われ、現在の出資者と社員の構成は次のようになっている。

出資者・社員	関係	出資金額（万円）
A（理事）	設立者	100
B	Aの子	50
C（理事）	設立者	100
D	Cの子	50
E（理事）	設立者	100
F	Eの妻	50
G（理事）	知人	80
H	知人	70
I	知人	70
J（理事）	知人	70
K	知人	60
L	知人	50
M	知人	80
N	知人	70
合　計		1,000

※G～Nについては相互に親族関係等はない

医療法人社団甲会は、設立者の方々の高齢化が進んだこともあり、出資持分の相続が気になっていたが、出資額限度法人の制度を知り、特に深く検討することなく出資者全員の同意を得て、出資額限度法人への定款変更を行った。

ある日、出資者Lから払戻しの請求を受け、出資額面による払戻しを行った。この払戻しについては、以下のとおり、4つの要件（233頁参照）を満たすことから残存出資者に対する贈与税は発生しないものと判断した（特別利益供与はないものとする）。

（イ）出資額要件

① Aグループ（A・B）

100万円＋50万円＝150万円

② Cグループ（C・D）

100万円＋50万円＝150万円

③ Eグループ（E・F）

100万円＋50万円＝150万円

④ 判定

150万円＋150万円＋150万円＝450万円≦1,000万円×50％

（ロ）社員数要件

① Aグループ（A・B）

② Cグループ（C・D）

③ Eグループ（E・F）

④ 判定

6名≦7名（14名×50％）

（ハ）役員数要件

全理事相互間に親族関係等がない

顛末としては

ここで、あることに気付くことになる。

このまま、社員の退社が続けば、いつか（イ）出資額要件、（ロ）社員数要件、（ハ）役員数要件を満たさなくなり、払戻しに伴い残存社員に対して贈与税課税が発生することになりかねない。

要件を充足し続けるためには、新たに出資者を募り、社員に就任してもらう必要があるが、その際には当然時価増資（時価を基準に払込金額を算定しなければならない）が必要であり、応じてくれる者を探すのは極めて困難である。

残存出資者に対して、いつか贈与税が発生してしまうことが明らかになれば、我先にと退社の希望が殺到するかもしれない。

早い者勝ちの様相を呈している。

結局のところ、出資持分の相続対策になり得ると期待されていた出資額限度法人は、同族経営の排除を求める種々の要件をクリアしない限り、出資持分の相続対策にはなり得ない。

むしろ、出資持分の相続対策になり得ると期待して出資額限度法人に移行してしまった法人は、その対応に苦慮していることが多い。

出資額限度法人への移行は、慎重の上にも慎重を期して検討すべきである。

認定医療法人制度　08

1　制度の概要

事業承継税制が未整備であるという話をしたが、医療法人に係る事業承継税制が存在しないわけではない。

平成26年に創設され、2度の大きな改正を経て、今に至る医業承継に係る相続税・贈与税の納税猶予等がそれである。簡単に言えば、医療法人の事業承継の過程で出資持分に係る相続税・贈与税が発生した場合にその納税を猶予したり、納税の免除を受けたりする制度であるが、一般事業会社向けに整備されている非上場株式等に係る相続税・贈与税の納税猶予等の制度とは、大きく異なる点がある。

それは、非上場株式等に係る相続税・贈与税の納税猶予等は、株式等が代々引き継がれ、事業が継続されることを前提に株式等に係る相続税・贈与税が納税猶予され、最終的に免除される制度であるが、医業承継に係る相続税・贈与税等の納税猶予等の制度は、出資持分を放棄することを前提に出資持分に係る相続税・贈与税が納税猶予され、最終的に免除される制度である。

つまり、事業承継税制というよりは持分の定めのない社団医療法人（以下「新医療法人」）に移行するための支援税制である。

とはいえ、この制度は、持分の定めのある社団医療法人（以下「経過措置型医療法人」）の出資持分に係る唯一の事業承継支援策と言っていいだろう。

経過措置型医療法人が新医療法人に移行することを前提とする制度なので、新医療法人への移行を進めたい厚生労働省の意向が強く反映された制度であると言える。

この制度の適用の前提は、認定医療法人になることである。具体的には、経過措置型医療法人が新医療法人に移行することにつき、スケジュールなど移行に関する計画を策定し、当該計画につき厚生労働大臣の認定を受け、認定医療法人になることが条件とされる。

2　制度の変遷

この制度は、平成26年10月1日にスタートしたが、平成29年10月に制度の一部見直しが行われている。

前述のとおり、この制度は経過措置型医療法人が新医療法人に移行する過程で発生する出資持分に係る相続税・贈与税の納税を猶予し、免除する制度であるが、最後の最後、出資持分のすべてについて放棄を受け、新医療法人に移行するタイミングでの課税が不明確⑱であるという問題点があった。

というのは、新医療法人に移行するタイミング、すなわち、出資持分が完全に消滅するタイミングで相続税法66条4項が発動し、医療法人を個人とみなして贈与税を課するとされており、この取り扱いは税務署の個別判断とされていたことから制度の活用に二の足を踏むケースが多かったのである。

このような問題点を受けて、平成29年10月1日以降に認定を受けた認定医療法人については、新医療法人に移行するタイミングにおいて医療法人に対する贈与税課税が行われないものとし、その納税を猶予するという見直しが行われた。

この見直しにより、医療法人に対する贈与税課税のリスクが軽減されることから認定医療法人制度の活用を検討する経過措置型医療法人が増えた。

3　あくまでも納税猶予

この制度は、新医療法人に移行したら終わりという制度ではなく、新医療法人に移行した後に以下の手続が必要とされる。

---

⑱　225頁、226頁参照

① 新医療法人への移行のタイミングで医療法人に対する贈与税は課されないが、移行があった日の翌年の確定申告期限までに新医療法人が贈与税の確定申告書を提出しなければならないこと

② 新医療法人へ移行する旨の定款の変更の認可を受けた日から6年間は認定医療法人の運営の状況に関する報告書を厚生労働大臣に提出しなければならないこと

なお、新医療法人に移行した後、贈与税の申告書の提出期限から当該認定医療法人が新医療法人への移行をした日から起算して6年を経過する日までの間に、厚生労働大臣認定が取り消された場合には、認定医療法人を個人とみなして、贈与税が課される。

つまり、新医療法人への移行後に、「本来であれば発生する贈与税は○○円だけれども認定医療法人なので結果として贈与税は0円である」旨の確定申告書を提出することで税務当局に新医療法人へ移行した旨の事実を伝えた上で、毎年厚生労働大臣あてに運営状況に関する報告を行いつつ、移行後6年を経過する日までの間に認定医療法人であることの取消しを受けた場合には、改めて贈与税の課税が行われるという制度、すなわち、実質的には医療法人に課されるべき贈与税の納税を猶予する制度なのである。

4　認定要件＝非課税要件

この改正により、贈与税課税を受けないためには、認定医療法人であることが条件になったが、その認定医療法人の認定はあくまでも厚生労働大臣が行うことに変わりはない。

改正前後の認定要件の比較

改正前		改正後	
認定要件	●社員総会の議決があること	認定要件	●社員総会の議決があること
	●移行計画が有効かつ適正であること		●移行計画が有効かつ適正であること
	●移行計画期間が３年以内であること		●移行計画期間が３年以内であること
税務要件	●運営組織が適正であること		●運営組織が適正であること
	●役員等法人関係者に対する特別の利益の供与が行われないこと		●役員等法人関係者に対する特別の利益の供与が行われないこと
	●法令違反の事実なし		●法令違反の事実なし
	●社会保険診療報酬等に係る収入金額が全収入金額の80％超		●社会保険診療報酬等に係る収入金額が全収入金額の80％超
	●自費患者に対する請求が社会保険と同一		●自費患者に対する請求が社会保険と同一
	●医業収入が医業費用の150％以内		●医業収入が医業費用の150％以内
	●報酬制限		●報酬制限
	●差額ベッドが全病床数の30％以下		●遊休財産要件⑲
	●役員等のうちに同族関係者の占める割合が3分の1以下であること		
	●原則40床以上又は救急告示病院・15床以上の救急告示診療所又は病院又は診療所の名称が４疾病５事業に係る医療連携体制を担うものとして医療計画に記載されていること		

つまり、贈与税が課税されない医療法人（認定医療法人）であるかどうかの判断は、厚生労働大臣が行うことになる。

この点は、見直し前の制度とは大きな違いであり、“一次的には”非課税要件の判断を国税サイドが厚生労働省に預けたことを意味する。

因みに認定要件は、従来の要件に加えて、税務の非課税要件の要素を含んだもので構成される。

5　税務当局の関与

繰り返しになるが、この制度は実質的に納税猶予であって、新医療法人への移行をした日から起算して6年を経過する日までの間に認定医療法人であることを取り消された場合には、贈与税を納付しなければならない。

ここで、認定取消権者は誰か。それは国税当局ではなく、認定権者である厚生労働大臣である。

すなわち、6年間の納税猶予期間中、納税猶予継続の命運を握るのは厚生労働大臣ということになるが、その間、国税当局からの関与は一切ないのであろうか。

実は、国税当局が関与する仕組みがきちんと残されている。

厚生労働大臣は認定を取り消した場合には、国税庁長官又は当該認定医療法人の納税地の所轄税務署長に通知しなければならないとされている。

これは、認定医療法人の認定を取り消された場合には、納税猶予されていた医療法人の贈与税を納める手続が必要、つまり、税務当局からすれば、厚生労働大臣に預けていた新医療法人が税務当局に戻ってくる（厚生労働大臣からすれば、税務当局に戻す）手続が必要であり、それを円滑に行うための

⑲　遊休財産要件とは、毎会計年度の末日における遊休財産額は、直近に終了した会計年度の損益計算書に計上する費用の額を超えてはならないという要件をいう。

手続と言える。

一方で税務当局側からは、税務署長は厚生労働大臣等の認定取消に関する事務の処理を適正かつ確実に行うために必要があると認めるときは、厚生労働大臣等に対し、必要な事項を通知することができる[20]とされている。

ここで“認定取消に関する事務の処理を適正かつ確実に行うために必要があると認めるとき”というのがポイントである。

想定されるのは、税務調査などで認定取消事由に当たると思われる取引が発覚したケースである。

認定取消しに値するにもかかわらず、認定取消権者はあくまでも厚生労働大臣であることから、税務当局が認定を取り消すことはできない。

このような事態を想定したのか、税務当局側から厚生労働大臣に一報を入れ、認定取消しを促す手続を設けることで税務当局側の関与を残したのだと思われる。

つまり、新医療法人へ移行すれば安心という制度ではなく、移行後6年間は、税務当局の関与が続くものと思った方がよさそうだ。

6　持分をなくすということ

経過措置型医療法人が新医療法人に移行して出資持分をなくすということには、メリット・デメリットが存在する。

メリットの一番は出資持分に係る相続税の呪縛からの解放が挙げられる。

出資持分がなくなれば、当然、相続税の課税は発生しなくなる。そして、そのことが新医療法人への移行を検討するきっかけであることは間違いない。

加えて、出資持分を持つ社員によって払戻請求権[21]を行使されるかもしれないという不安からの解放も挙げられるであろう。

---

⑳　租税特別措置法70条の7の14第8項

㉑　216頁の注釈⑥参照

一方でデメリットは、メリットの裏返しであるが、財産権（払戻請求権・残余財産分配権㉒）が消滅してしまうことが挙げられる。

加えて、出資持分を持っていることによる潜在的な支配権が消滅するということもあろう。

潜在的としたのは、必ずしも出資持分の保有シェアと社員総会における議決権がリンクしない㉓ので出資持分を持っているとしても、そのことがそのまま支配権に繋がるわけではないが、払戻請求権が行使できるなど出資持分を持っていることでの潜在的な支配権が存在することは否定できず、出資持分がなくなることでその潜在的な支配権も消滅する。

さらに、見落としがちではあるが、将来、仮に医療法人を売却しようとする場合には、出資持分という売却手段がなくなるということも挙げられる。

全く売却できなくなるということではないが、新医療法人に移ることで出資持分がなくなるので、出資持分の売却を通じて、医療法人を承継してもらうという手法が採れなくなる。

以上のような出資持分をなくすことのメリット、デメリット、特にデメリットの観点を勘案すると出資持分を持つ現世代だけで行うべき決断ではなく、医療法人を承継する次世代の意向も含めてファミリーとしての決断を行うべきものであると考える。

どうしても相続税の負担がなくなることが判断に際しての大きな要因になりがちではあるが、一旦新医療法人に移行してしまうともう二度と経過措置型医療法人に戻ることはできないので、税理士としては相続税の負担軽減以外についてもきちんと納得してもらった上での決断を促したいところである。

㉒　残余財産分配権については、経過措置型医療法人のモデル定款の第34条に「本社団が解散した場合の残余財産は、払込済出資額に応じて分配するものとする。」と定められている。

㉓　211頁「出資持分と株式の違い」参照

実例6 出資持分に対する親子の温度差（相続発生後の認定医療法人制度の活用）

医療法人A会は持分の定めのある社団医療法人。業績も好調で出資持分の評価も高い金額になっているものと思われる。

A会の理事長は、80歳という年齢のわりにはお元気で、今も経営の最前線に立っている。

理事長は昨今の持分を放棄する動きを非常に嫌がっており、自分の目の黒いうちは絶対に持分のない医療法人への移行はしないとおっしゃっている。

ある日、長年番頭として仕えてきた事務長から理事長の相続について相談を受けた。

・後継者である長男が相続税の負担などに不安を覚え、父である理事長に持分の放棄を強く迫っている。
・それに難色を示す理事長との間で軽い喧嘩のような状態になっている。
・このままの状態が続けば、理事長と後継者である長男との関係がますます悪化し、事業承継に影響を及ぼしかねない。

顛末としては

事務長を通じて後継者である長男に面談の機会をもらって、相続発生後でも認定医療法人の制度を活用することができる旨を説明し、無理に理事長の生前に持分放棄を迫る必要はない点について納得をしてもらった（ただし、令和8年12月31日までに認定を取得しなければならない制度である旨も併せて伝えることが必要）。

このことで、今までは税務顧問として親世代である理事長とのコミュニケーションが中心であったが、このことをきっかけに後継者とのコミュニケーションも活発化し、後継者の目線からの相談を受ける機会も増えたという思わぬ効果もあった。

なお、相続発生後に認定医療法人の認定を受けようとする場合には、スケジュール管理には留意が必要である。

改正前の制度に比べても認定要件が増え、その分、認定に至るまでの審査の時間が大幅に伸びていることから、あまりのんびりしていると相続申告期限までに認定を取得できないということになりかねない。

また、制度が延長されないとなった場合に備える意味でも、事前にある程度の計画策定と認定要件の充足状況を確認しておくことが望ましいといえる。

実例 7　税務調査による認定取消の可能性

医療法人A会は2年前に認定医療法人に移行し、移行計画に沿って、昨年、出資持分の定めのない社団医療法人に移行した。

その後、実施報告を毎年度厚生労働省に提出をしていたが、特に厚生労働省からその内容について指導があることはなかった。

認定医療法人の認定取得の際には、税理士のアドバイスもあって「役員等の法人関係者に対する特別の利益供与」については、該当しそうな取引を全てチェックし、万全を期したつもりであったが、出資持分の定めのない社団医療法人への移行完了後、すっかり安心してしまったこともあって、特に継続的な取引のチェックなどを行うことはなかった。

出資持分の定めのない社団医療法人への移行後、3年を経過したところで税務調査を受けることになった。

通常の法人税調査に加え、法人と理事の関係、取引の有無などの観点からも重点的に調査された。

調査の過程で非常勤理事である理事長の母親への役員報酬について指摘を受けた。

持分の定めのない社団医療法人への移行する際には、健康状態に大きな問題はなく、定期的に行われる理事会にも出席し、先代理事長を支えた経験などから適宜意見をしてくれるなど非常勤理事としての勤務実態についてもきちんと説明できる状況であったが、脳梗塞を発症し、その後遺症で意思能力に問題のある状態になってしまったことから自宅を離れ、施設に入所することになり、ここ2年ほど理事会への参加はなかった。

理事長の母親（先代理事長の妻）ということに加え、施設の費用捻出ということもあって、役員の退任はせずに継続して相応の役員報酬の支払を行っていた。

この点について、調査官からは、勤務実態のない親族への給与に該当し、明らかに法人関係者への特別の利益供与に該当し、認定要件に抵触するのではないかという指摘を受けた。

調査官曰く、法人税の観点から過大役員報酬の検討が必要であり、この点は持ち帰って検討することになるが、認定要件の観点からも検討が必要であると思われるので、厚生労働省の然るべき部署と連携して、対応を協議するということであった。

顛末としては

私自身、実際にこのような事例に遭遇した訳ではないが、認定事例が増えるにつれて十分に起こり得る事例ではないかと思っている。

なお、6年間の認定医療法人に係る要件の充足状況については、実施報告書の提出を通じて厚生労働省が監督する仕組みになっている。

厚生労働省による認定要件の充足状況の確認はさほど厳しいものにはなら

ないのではないかという見方もある。

特に役員等の法人関係者に対する特別の利益供与が行われないことについては、何をもって特別の利益供与とするかなど、その判断に当たっては非常に難しい要素が含まれ、単に書面による実施報告に基づいて問題を見つけ出すのは難しい。

そこで税務当局の出番となる。

税務当局は、実地の税務調査を通じて明らかに常識から逸脱した取引を見つけた場合には、その取引が特別の利益供与であることを指摘し、法人税等の税務の観点に加えて、認定要件に抵触するかどうかという点からも検討を加える可能性もあると思う。

確かに厚生労働省と国税庁という省庁間を跨いだ行政手続になるので、このような事態を招くのはよっぽどのケースに限られるようにも思うが、認定医療法人であるからといって何をしても良いということにはならないはずである。

認定医療法人の認定を受け、計画通りに持分の定めのない社団医療法人に移行した日から6年を経過するまでの間は、あくまでも医療法人が支払うべき贈与税の納税猶予期間であることを肝に銘じるべきだ。

仕組み上、税務当局は、あくまでもその期間中の認定医療法人の課税権を厚生労働省に預けているだけともいえる。

実例8　役員報酬の目安

認定医療法人の認定要件の一つに「役員等法人関係者に対する特別の利益の供与が行われないこと」があり、具体的に確認されることとして役員報酬の水準がある。

役員報酬の上限額については、認定医療法人の審査基準としては明確に定められてはいない。しかしながら、実際の審査では、特定医療法人の要件にある役員報酬の上限年3,600万円を目安として、役員報酬規程等に基づいて支給額の妥当性が判断される。

この実例は、理事長の報酬が認定医療法人の審査の目安となる上限年3,600万円を超えている状態で申請をしたケースである。

こちらの医療法人は、先代から経営を引き継いだC氏が理事長を務めている医療法人であり、C氏は私から見ても心配になるほど驚異的な仕事量をこなされ、医療法人の経営に心血を注いでいる方であった。自身の病院の日勤はもちろん、当直も数多くこなし、それだけではなく、地域の医師会などの対外的な活動も積極的に参加されていた。そのため医療法人の業績も好調に推移していた。

C氏は先代が亡くなった際に相続によって医療法人の経営を引き継いだ。

その際、医療法人の出資持分を相続した際の相続税の負担が大変であったらしく、自分の代でできれば出資持分のない医療法人へ移行し、相続税の負担を次世代に残したくないという思いを持たれていた。

その思いを成就するための手段として、認定医療法人の活用を検討していたが、自身の役員報酬が問題になる。

前述の通り、C氏は猛烈にお仕事をされている方であったので、理事長報酬も相応に高額な水準で、特定医療法人の目安となる年3,600万円を大きく超えていた。

認定申請に当たっては、役員報酬の上限は年3,600万円が目安であるため、理事長報酬を引き下げなければならないかもしれない旨を説明するとC氏は全然構わないとあっさりしたものであった。しかし、繰り返しになるが猛烈な仕事量、医療法人経営、患者さんに注ぎ込む時間とエネルギー、対外的な活動にも積極的に参加されているなど色々なことを勘案すると年3,600万円を超えていても特別の利益の供与とは言えないのではないかという思いが私としては強くなってきた。

それに形式的な話かもしれないが、特定医療法人で求められる役員報酬の上限年3,600万円は、租税特別措置法施行令から委任された基準㉔として明確に示されているものの、その基準を認定医療法人にも当てはめるとはどこにも明記されていないのであるから、審査が通ることについてお約束はできないが、まずはこのまま審査を受けてみようということになった。

顛末としては

案の定、審査の過程で年3,600万円を超える理事長報酬について指摘を受け、説明を求められた。しかし、意外であったのが、頭から年3,600万円を超えていることが否定されなかったことだ。

担当者からは、理事長報酬について、以下のような指摘を受けた。

① 認定医療法人の審査上、理事長の報酬は年3,600万円を基準としている

② その上で医療法人として年3,600万円を超える報酬の支給が可能であると判断する理由書などを作成して提出するか、年3,600万円を上限に役員報酬規程を改訂するかの対応をするように

当方としては、この指摘を前向きに捉えることとし、理由書を作成し、理解を求める方向で進めることにした。

というのも、前述の通り、猛烈な理事長の仕事ぶりを丁寧に説明すること

㉔ 租税特別措置法施行令39条の25第1項1号に規定する厚生労働大臣が財務大臣と協議して定める基準〔平成15年3月31号外厚生労働省告示第147号〕

> 二　役職員一人につき年間の給与総額（俸給、給料、賃金、歳費及び賞与並びにこれらの性質を有する給与の総額をいう）が3,600万円を超えないこと。

で医療法人として支給している理事長報酬の金額の妥当性を説明できるのではないかと考えたためだ。

理由書等では、実際の医師としての勤務状況（外来、当直や夜勤の回数、手術件数など）、経営者としての医療法人への貢献度、その他地域に対する活動実績などを整理し、理由書を作成して提出した。

その理由書をもって認められるかと期待していたが、理由書で説明した勤務状況等について、その裏付けとなる資料として出勤簿やタイムカード、当直実績表や地域に対する活動の実績が分かるものなどの提出などを求められた。

その後も理由書の内容を補完する資料などの提出や説明を繰り返した末、最終的には年3,600万円を超える理事長の報酬を維持したまま、認定の取得に至った。

このケースは、実際の理事長の仕事ぶり、医療法人へ貢献度、地域に対する活動などが理事長報酬に見合うだけのものであったこと、そのことをしっかりと説明し、補完できる資料を提示できたために認められたものと思われる。

実態が伴わないのであれば、認められることはなかったであろうし、そのくらい理由書の内容について事実を確認する、内容を補完するやり取りが何度も繰り返された末での認定取得であった。

基金拠出型医療法人の相続　09

1　基金の取扱い

基金拠出型医療法人の場合には、承継対象となる資産は基金になる。

基金は債権であることから、貸付金債権等として評価[25]されるが、基金には利息を付すことができないので、評価する上で既経過利息を考慮する必要はない。

2　基金は出資ではない

ちなみに基金は出資ではないので、医業承継を考える際には小規模宅地等の減額金額の特定同族会社事業用宅地等の適用については留意が必要である。

実例 9　基金拠出型医療法人に貸し付けている宅地

医療法人化を急ぎたいという後継者候補のAからの相談事例である。

Aの父親は、長年にわたり個人でクリニックを経営しているが、最近体調が優れないことから、Aは相続税や医業承継について不安を感じ、相談に来

㉕　貸付金、売掛金、未収入金、預貯金以外の預け金、仮払金、その他これらに類するもの（以下「貸付金債権等」という）の価額は、次に掲げる元本の価額と利息の価額との合計額によって評価する。
(1) 貸付金債権等の元本の価額は、その返済されるべき金額
(2) 貸付金債権等に係る利息（208《未収法定果実の評価》に定める貸付金等の利子を除く）の価額は、課税時期現在の既経過利息として支払いを受けるべき金額（相続税財産評価に関する基本通達204）。
基金は利息がないので、(1) の貸付金債権等の元本の価額で評価されることになる。

られた。

Aは医療法人化を急ぐことで相続税や医業承継にもメリットが大きいのではないかと考えているようであった。

なお、Aの父親が経営しているクリニックは、整形外科クリニックで土地建物はAの父親が所有している。

顛末としては

個人形態のまま相続を迎える場合と医療法人化して相続を迎える場合につき、それぞれのシミュレーションを行った。

その結果、相続税への影響（特に小規模宅地等の減額金額の適用の変化）を考慮すると、とりあえず個人形態のまま相続を迎えることとし、承継後のしかるべきタイミングで医療法人化を再度検討することを勧めた。

個人クリニックの敷地

（単位：千円）

	相続税評価額	小規模宅等の減額金額	課税価格算入額
医療法人化前	240,000	▲192,000	48,000
医療法人化後	196,800	▲49,200	147,600

なお、Aの父親が経営するクリニックの資産については後継者が集中して承継できるよう、遺言の作成、親族間の話し合い等の事前準備に注力するようにアドバイスした。

長年、個人の形態で病医院を経営されてきた先生の相続を控えたタイミングで医療法人化を検討したいという相談を受けることは多い。

本実例の場合、医療法人化に際して検討すべき大きなポイントは、Aの父親のクリニックの敷地（自己所有）を医療法人に拠出すべきかどうかということになる。

確かに医療法人化することで、個人病医院の資産・負債が基金という資産に集約されることや理事長を引き継ぐことで病医院の承継が完結する（個人形態であれば、父親の施設として廃止手続、後継者の施設として新たに開設手続が必要になる）などのメリットもあることから、相続を意識せざるを得ないタイミングで医療法人化を検討することには一定の意味がある。

しかし、本事例のように医療施設の土地・建物が自己所有である場合には、当該土地・建物を医療法人に拠出することで相続税に対してどのような影響を及ぼすのかを慎重に吟味しなければならない。

一般的に、医療法人化に伴い土地・建物を基金拠出することは、相続税に関して言えば、有利に働かないことが多い。

まず、医療法人化に際して、土地・建物等の現物資産を基金拠出する場合には、認可申請の際に医療法人側が適正な時価で受け入れることを要求されるため、いわゆる時価で基金が構成される。つまり、含み益がある資産の場合には、その含み益が基金の額に反映されてしまい、結果、基金を通して相続税評価に反映されてしまう。

また、譲渡税の問題もある。土地建物等譲渡所得の起因となる資産を基金拠出した場合には、税務上は基金を対価とした譲渡所得となり、譲渡益が発生する場合には譲渡税の課税も考慮しなければならない（この場合、基金が対価であるので拠出時点では金銭の流入がないまま譲渡税が課税される）。

一方で、本事例のように、土地・建物を個人に残したまま、医療法人に貸し付ける場合には、小規模宅地等の減額金額について検討しなければならない。

本事例における小規模宅地等の減額金額の医療法人化前後の適用の変化は、以下のように整理できる。

Aの父親のクリニックを基金拠出した場合

	医療法人化前	医療法人化後
評価額	自用地評価	貸家建付地評価
小規模宅地等の減額金額の適用	特定事業用宅地等	貸付事業用宅地等

医療法人化せずに個人の事業として継続している場合には、事業を引き継ぐなど要件を満たせば、特定事業用宅地等として80％評価減の適用が受けられる。

一方で、医療法人化に伴い、自己所有の土地建物を基金拠出した後は、医療法人に対して賃貸することになるので、評価上は、建物については貸家の評価、宅地については貸家建付地の評価となり、それぞれ評価額が引き下がるというメリットは生じる。

しかしながら、小規模宅地等の減額については、単なる不動産貸付けの敷地となり、50％評価減に留まる。

一般の事業会社であれば、後継者が主宰する会社に対して貸し付けている敷地については、親族による株式の保有状況等の要件を満たすことで特定同族会社事業用宅地等として80％評価減の適用を受けることができるが、本実例の場合には、たとえ、基金の過半数を親族間で保有しているとしても、特定同族会社事業用宅等には該当せず、単に貸付事業用宅地等としての評価減に留まる。というのも、特定同族会社事業用宅地等は、被相続人の親族等が有する株式の総数又は出資の総額が発行済株式の総数又は出資の総額の50％を超える法人の事業の用に供されていた宅地等であることが必要であるが、基金は出資ではない。したがって、たとえ親族等で基金を100％有しているとしても特定同族会社事業用宅地等には該当しない。

なお、特定同族会社事業用宅地等のこの取扱いは、基金拠出型に限らず、持分の定めのない社団医療法人（基金拠出型でないもの）及び財団医療法人も同じ取扱いになる。

財団医療法人の相続　10

財団医療法人の場合には、承継対象となる資産はない。単に理事長をはじめとするガバナンスを承継することで医療法人の承継は完結する。

財団医療法人の承継は、評議員会が存在することに留意しなければならない。というのも、財団医療法人の評議員会は、財団医療法人の場合には必ず設置しなければならず、役員の定数を超える人数で組織しなければならないとされているからである。

また、評議員は、当該財団医療法人の役員を兼ねてはならないとされていることから、評議員には第三者が就任㉖する。

財団医療法人の役員は、評議員会において選任されることから、親子間（同族間）で医療法人を承継しようとする場合には、第三者で構成される評議員会の同意がポイントになる。

仕組み上は、評議員会の同意が得られなければ、理事長職の円滑な引継ぎもできないことから、事前の準備として現理事長の生前から、後継者候補については評議員会の同意を得て理事に選任しておき、医療法人経営の経験を積ませつつ、評議員会メンバーとのコミュニケーションを密にしておくことで来るべきときに備えることが大切である。

㉖　医療法46条の4。
評議員となる者は、次に掲げる者とする。
一　医療従事者のうちから、寄附行為の定めるところにより選任された者
二　病院、診療所又は介護老人保健施設の経営に関して識見を有する者のうちから、寄附行為の定めるところにより選任された者
三　医療を受ける者のうちから、寄附行為の定めるところにより選任された者
四　前三号に掲げる者のほか、寄附行為の定めるところにより選任された者

後継者不在の場合　11

医療法人の理事長は、原則、ドクターでなければならない㉗。当然、医療法人の経営を承継する者（理事長に就任する者）もドクターでなければならない。この点が一般事業会社の事業承継と異なる点であり、医業承継を進める上での制約のひとつである。

しかし昨今、後継候補者が何らかの理由、たとえば、ドクターの道を進まなかったり、ドクターにはなったものの大学に残ったり、民間製薬会社等の研究職になったりという理由で後継者がいないというケースも増えてきている。

この場合は、事業をストップさせるか、信頼できる第三者への承継を検討するか、事情が許せばドクターでない者が理事長に就任できる特例㉘を認めてもらうかになる。

1　事業廃止

医療法人の事業を廃止しようとする場合には、医療法人を解散㉙すること

㉗　医療法46条の６本文。
医療法人の理事のうち一人は、理事長とし、医師又は歯科医師である理事のうちから選出する。

㉘　医療法46条の6但し書き。
ただし、都道府県知事の認可を受けた場合は、医師又は歯科医師でない理事のうちから選出することができる。

㉙　医療法55条。
(1) 社団医療法人の解散事由
一　定款をもって定めた解散事由の発生
二　目的たる業務の成功の不能
三　社員総会の決議
四　他の医療法人との合併
五　社員の欠亡
六　破産手続開始の決定
七　設立認可の取消し

(2) 財団医療法人の解散事由
一　寄附行為をもって定めた解散事由の発生
二　目的たる業務の成功の不能
三　他の医療法人との合併
四　破産手続開始の決定
五　設立認可の取消し

になるが、医療法人を解散しようとする場合にも都道府県知事等の認可が必要になる点に注意が必要である。

2　第三者への承継

医療機関は地域医療を支える社会的公器としての側面があることから事業廃止となった場合の影響は大きいものがある。

実際、ドクターはご自身の築き上げてきたクリニックを何らかの形で継続してほしいと望んでいることが多い。この場合には、第三者への承継、いわゆるM&Aを検討することになる。

医療法では、医療法人のM&Aは想定されていないものの、実際には多くの事例が存在する。また、後継者のいない医療法人と開業希望の医師をマッチングする事業を展開している業者も存在する。

実例 10　第三者への承継事例

整形外科を運営する医療法人A会の理事長Bには、後継者候補として医学部を卒業した長男がいるが、本人は卒業後も大学に残り、研究活動を続けていくつもりのようで、医療法人を承継するつもりはないらしい。

その一方でA会の運営するクリニックは、多くの患者さんに通院してもらっており、B自身もできれば廃院は避けたいと考えている。

何とかならないかということで顧問税理士に相談した。

顛末としては

本事例では、Bの大学の後輩であるCが非常勤医師として勤務している状況にあった。BもCの人柄や診療姿勢に信頼を置いており、Bのクリニックの後継候補者として申し分ないと考えていた。

全くの第三者に引き継ぐことを考えるより、Cを後継者として承継を考えてみてはどうかとアドバイスをし、実際にCにクリニックを引き継いでもらえないかと話をしたところ、Cは随分と迷ったようであるが、最終的には前向きに承継を考えるという決断をしてくれた。

承継に際しては、患者さんやスタッフに動揺を与えないことを心がけた。したがって、一気に入れ替えてしまうのではなく、承継、引継ぎにたっぷりと時間をかけた。まずは、非常勤勤務であったCを常勤医師として迎え入れ、BとCの二診体制を続け、Cの存在を少しずつ患者さんとスタッフ、取引業者に浸透させた。

半年程度経過したところで実際に承継の手続を行った。承継対価は、役員退職金の支給と出資持分の譲渡代金。具体的には、理事長であったBの退任及び理事であったBの妻の退任によりそれぞれに役員退職金を支給した上でCが理事長、Cの妻が理事に就任した。

役員退職金の支給原資の一部は銀行借入れを起こしたが、この部分はCのリスクとしてCが事業承継後に返済していくことになった。

加えて出資持分を額面金額でCに買い取ってもらい、それと同時にBの関係者全員が社員を退社、Cの関係者が社員に就任した。

承継後は、Bが完全に身を引いてしまうのではなく、Cの希望もあって非常勤医師としてしばらく勤務を続けていくことになった。

また、クリニックの不動産はBの個人所有で医療法人に貸し付けていたものであったが、承継後もその賃貸借契約を継続した。Bにとっては、非常勤医師としての報酬及び医療法人からの不動産収入が継続収入として確保できたことになる。

また、勤務医であったCにとっては、大きな額の資金調達は難しい状況であったが、役員退職金の一部原資として調達した医療法人の借入金という負担（これは事業を通じて返済）はあるものの、実際に承継のために要した資金は出資持分の額面金額で済んだことになる。このことはCが承継を決断した決め手になった。

実例 11 大手病院との連携

医療法人社団A会は、設立7期目の医療法人であり、理事長であるB医師は整形外科のクリニックを経営していた。

駅中の一等地の医療モールで経営しており、日々忙しく診療を行っていた。

しかしながら、近年、体力の衰えを感じることがあり、自身の診療のペースを落としたいと考えているが、頼ってくれる患者のことや医療モールとの契約のことを考えると休診日を増やし、診療ペースを落とすことは難しい状況にあった。

そのため、後継者である息子に手伝ってもらい、ゆくゆくは息子への承継を進めていければと考えていた。

ただ、駅中の一等地の医療モールということもあり、家賃や医療モールの経営支援に係る手数料の負担が重いことに加え、近隣にも整形外科クリニックが相次いで開業し、競争過多になりつつあり、患者数の減少にも顕著であることから、そのような経営の負担を息子に強いて良いものか思案をしていた。

実際、息子に話を持ち掛けてみたところ、あまり積極的な姿勢は見られなかった。

その後、知人で整形外科の専門病院であるＣ整形外科病院を経営している財団医療法人Ｄ会の理事長であるＥ医師と会食をする機会があり、承継に関する悩みを打ち明けた。

Ｅ医師も手術適応の患者の獲得について、自病院の外来からだけでは限界を感じており、サテライトクリニックの構想を温めていたこともあって、双方で何か連携できないかという話になった。

Ｂ医師は悩んだ末、Ｅ医師の経営する財団医療法人と経営を統合し、Ｃ整形外科病院から自身のクリニックに医師やスタッフを送ってもらうなどの支援を受けながら、かねてから考えていた自身の診療のペースを無理のないペースに落とし、加えて、自身のクリニックの競争力の強化に努めるという選択に至った。

顛末としては

元々Ｂ医師とＥ医師との間に強い信頼関係があり、Ｂ医師は承継対価にはあまり拘りはなく、規定に基づいた役員退職金の支給が受けられれば良いという考えであったことからクリニックの承継自体は円滑に行うことができた。

また、承継対価の一部の意味合いで承継後もＢ医師はクリニックの管理者として勤務し、相応の報酬を受け取れることとした。

承継の手法としては、社団医療法人Ａ会も財団医療法人Ｄ会も持分の定めのない医療法人であったことから、最初は合併による統合を検討したが、合併認可の受付のタイミングでどうしても長期のスケジュールになってしまうことにＢ医師が難色を示したことから、Ｂ医師のクリニックの医療機器等のリース契約、内装、医療モールとの契約をＤ会が引き継ぐことによる事業譲渡で承継を進めることになった。

Ｂ医師及び理事に就任していたＢ医師のご家族には、規定通りの役員退職金を支給することとし、そのための原資はＤ会からＡ会へ寄附を行った。

役員退職金支給後にA会側ではクリニックの廃止及び医療法人の解散という手続を行っていただき、D会側では新規クリニックの開設という手続を行った。

統合後にA医師は、D会の医師として承継後のクリニックの管理者兼理事に改めて就任してもらい、C整形外科病院の医師らの協力を得ながら、自身の診療のペースを落とし、かつ、C整形外科病院側は駅中のクリニックをサテライトクリニックとしてしっかり機能させ、手術適応の患者の増加に繋がる動きを強めている。

なお、役員退職金の原資としての寄附については、医療法人運営上の疑義があったことから事前に県庁の担当者と相談を重ね、クリニック（医療施設）を統合するための対価と考えられるので問題ない旨の判断を仰いだ。

3　特定医療法人化・社会医療法人化

後継者が不在である場合の選択肢として、特定医療法人化・社会医療法人化も考えられる。

特定医療法人化・社会医療法人化とは、簡単に言えば、公益的な医療法人への転換を図るということである。

公益的な医療法人であることから、いわゆる同族経営は続けられなくなる[30]。後継者がいない場合には、単に外部から理事長を招へいするだけでなく、第三者で理事会等を構成することになる。公益的な運営という形で、医療法人を継続させる1つの選択肢であると言える。

特定医療法人・社会医療法人の特徴は、以下のとおりである。

㉚　特定医療法人・社会医療法人は、公益的な運営を担保するために役員全体に占める親族等の割合が3分の1以下でなければならないなど、いわゆる同族経営を排除するための要件を満たさなければならない。

(1) 特定医療法人

税務上の医療法人の類型の１つに特定医療法人㉛がある。

特定医療法人は、その事業が医療の普及および向上、社会福祉への貢献その他公益の増進に著しく寄与し、かつ、公的に運営されていることにつき国税庁長官の承認を受けた医療法人をいう。簡単に言えば、国税庁長官からお墨付きを得ている公益的な医療法人である。

なお、特定医療法人には、軽減税率の適用が認められている。

(2) 社会医療法人

社会医療法人㉜は、都道府県知事等の認定を受けた公益性の高い医療法人である。

一定規模以上の救急医療など、いわゆる不採算医療を提供する代わりに、通常の医療法人では認められていない一定の収益事業を営むことが認められる。

社会医療法人の認定を受けた場合には、社会医療法人が行う医療保健業（医療法人の本来業務。具体的には、病院、診療所又は介護老人保健施設の運営）から生じる所得は、法人税法上、非課税とされる。

その他、社会医療法人が一定の不動産を取得する場合の不動産取得税や社会医療法人が所有する一定の不動産に係る固定資産税や都市計画税も非課税となる。

㉛　租税特別措置法67条の2。令和4年3月31日現在で全医療法人数57,141法人に対して331法人が特定医療法人の承認を受けている。

㉜　医療法42条の2。令和4年3月31日現在で全医療法人数57,141法人に対して338法人が社会医療法人の認定を受けている。

【医療法人ごとの法人税率】

医療法人の区分	所得金額	税率
出資金1億円以下の医療法人	年800万円以下の金額	15%㉝
	年800万円超の金額	23.2%
出資金1億円を超える医療法人	—	23.2%
特定医療法人 社会医療法人（収益事業分）	年800万円以下の金額	15%
	年800万円超の金額	19%

4　非医師の理事長就任

ドクターの後継者がいない場合であっても、ドクターでない者が医療法人の経営を承継できるのであれば、理事長特例（ドクターでない者が理事長に就任する特例）を検討することになる。

医療法人の理事長は、原則としてドクターでなければならないが、一定の要件を充足する医療法人の場合には、ドクターでない者であっても理事長に就任することができる。この場合には、都道府県知事からドクターでない者が理事長に就任することについての認可を取得しなければならない。

実際にこの認可を取得しようとすると、ハードルはかなり高く㉞、医療法

㉝　その事業年度開始の日前3年以内に終了した各事業年度の所得金額の年平均額が15億円を超える法人は19％

㉞　厚生労働省からの通知（医政指発0305第1号　平成26年3月5日）では、各都道府県の医療法人担当者に対して、非医師の理事長認可について、「各都道府県においては、……（中略）門前払いをするのではなく、しっかりと候補者の経歴、理事会構成等を総合的に勘案し、都道府県医療審議会の意見を聴いた上で、当該認可について判断するよう、必要に応じて現在の運用の改善を検討されたい。」としているところではあるが、筆者の感覚では、この通知の前後で対応に変化があったという印象はない。

人が抱えている事情によっては相当程度の期間を要する場合がある。

また、都道府県知事に対する手続の問題だけでなく、承継する医療法人の内部についても、ドクターでない者が理事長としてリーダーシップを発揮できる環境整備㉟をする必要がある。

以上のように、何らかの事情により、ドクターでない者を理事長に就任させて医療法人を承継させようとする場合には、通常よりも時間をかけて承継準備を進めなければならない。

非医師理事長要件

①	理事長が死亡し、又は重度の疾病により理事長の職務を継続することが不可能となった際に、その子女が、医科又は歯科大学（医学部又は歯学部）在学中か、又は卒業後、臨床研修その他の研修を終えるまでの間、医師又は歯科医師でない配偶者等が理事長に就任しようとする場合
②	（イ）特定医療法人又は社会医療法人 （ロ）地域医療支援病院を経営している医療法人 （ハ）公益財団法人日本医療機能評価機構が行う病院機能評価による認定を受けた医療機関を経営している医療法人
③	上記②以外の医療法人については、候補者の経歴、理事会構成（医師又は歯科医師が占める割合が一定以上であることや親族関係など特殊の関係のある者の占める割合が一定以下であること）等を総合的に勘案し、適正かつ安定的な法人運営を損なうおそれがないと認められる場合

㉟　実際の現場では、ドクターでない者がドクターを統率するには大変な労力が必要であるということをよく聞く。

（※上記③の具体的要件）

③-1	過去５年間にわたって、医療機関としての運営が適正に行われ、かつ、法人としての経営が安定的に行われている医療法人
③-2	理事長候補者が当該法人の理事に３年以上在籍しており、かつ、過去３年間にわたって、医療機関としての運営が適正に行われ、かつ、法人としての経営が安定的に行われている医療法人
③-3	医師又は歯科医師の理事が理事全体の３分の２以上であり、親族関係を有する者など特殊の関係がある者の合計が理事全体の３分の１以下である医療法人であって、かつ、過去２年間にわたって、医療機関としての運営が適正に行われていること、及び、法人としての経営が安定的に行われている医療法人
③-4	昭和61年6月27日において、すでに設立されていた医療法人については、次に掲げる要件のいずれかに該当する場合 ①　同日において理事長であった者の死亡後に、その理事長の親族で、医師又は歯科医師でない者が理事長に就任しようとする場合 ②　同日において理事長であった者の退任後に、理事のうち、その理事長の親族であって医師又は歯科医師でない者が理事長に就任しようとする場合

実例 12　医師でない者を理事長に就任させる場合①

地域医療支援病院を運営する医療法人A会の常務理事B氏からの相談である。B氏自身はドクターではないが、父親である先代理事長が急逝したことを受けて、父親と親しかった副院長に理事長をお願いし、自身は常務理事として実質的に医療法人の運営面をすべて取り仕切っていた。

ドクターとしての後継者としては自分の息子がいるが、現在、医学部に在学しており、理事長職を引き継げるまでになるにはまだまだ時間がかかるとのこと。

B自身が医療法人の実質の運営責任者であることや理事長をお願いしている方の健康問題などの事情から非医師の理事長特例を検討したいということで相談を受けた。

当方からは非医師の理事長の特例の認可要件をご説明し、相当程度の時間を要するハードルの高い手続である旨を説明すると、医療法人A会は近々地域医療支援病院の承認を受ける予定であるとのことであった。

非医師の理事長の特例の認可要件には、地域医療支援病院を経営していることとあることから、地域医療支援病院の承認を受けた後、速やかに手続を始めましょうとアドバイスし、実際に認可申請の手続をお手伝いした。

顛末としては

実際に認可申請を行うと、一筋縄ではいかない手続であると実感することになる。

前述のとおり、医療法人A会は、認可要件の「地域医療支援病院を経営していること」に該当する医療法人であるのだからすぐに認可が下りるだろう（そのために地域医療支援病院の承認を待ったのだから）と高を括っていた。

ところが実際の手続では、都道府県の担当者から非医師の理事長就任が必要な理由、現在の役員構成、医師である理事長が就任できるまでの期間の確認に加え、過去の医療法人の決算書の提出が求められ、内容の確認が行われるなど様々な質問や確認が行われた。

回答すればその回答に対して更に質問や相談事項が繰り返され、結局、認可取得まで半年強の期間を要した。

本事例は、通知に記載されている認可要件に合致していたことから手続の難易度を見誤ってしまった事例である。

手続の過程で、都道府県担当者には「地域医療支援病院を経営していること」という通知の要件に該当することをもってして認可とならないのかという質問をしたが、非医師の理事長特例は、医療の非営利性を担保する重要な手続なので都道府県独自の観点から慎重な審査を行わせてもらっているとの回答であった。

都道府県によってはそもそも非医師の理事長特例の認可を出さないところもある（手続自体を受け付けず、事実上の門前払い）。

そのような状況を受けて、厚生労働省からは各都道府県宛に非医師の理事長特例の認可について通知に従った運用を心がけるようにという内容の通知が発出されたが、個人的にはその通知をもって緩和されると考えるのは早計であると思う。

実例 13　医師でない者を理事長に就任させる場合②

事例12と同じ都道府県の事例である。

同じ都道府県の医療法人Ｃ会の常務理事Ｄ氏から先代の理事長が急逝したため医師でない自分が理事長に就任したいという相談を受けた。

状況を伺うと先代の理事長も医師ではなく、都道府県の非医師の理事長就任の認可を受けているとのことで2代連続の非医師の理事長就任の認可を受けなければならないということであった。

事例12のことが頭をよぎり、これは大変な難易度だと判断し、相当にハードルが高い旨の説明をした上でまずは事前相談の約束を取り付け、都道府県に相談に行った。

顛末としては

事前相談時の都道府県担当者の反応は、予想通り厳しいもので、認可を出すのは相当に難しいという説明を繰り返されるのみであった。

現実的な対応として、C会は複数の医療施設を運営しており、当然にそれぞれの管理者にはドクターが就任しているので管理者であるドクターの中から理事長に就任できる方を探すしかないのではと考え始めたところで、最後のあがきでC会の医療施設の一つであるE病院は公益財団法人日本医療機能評価機構が行う病院機能評価㊱による認定を受けている施設であって、通知の要件に合致するのではと思っているのですが……と伝えてみた。

すると、何と担当者からは「ああ、それであれば認可は大丈夫です」との反応。

事例12では、同じ通達の要件で地域医療支援病院を運営しているだけではダメですということがあり、認可取得に相当な時間を要した経験があったので、当方はびっくりして、一気に拍子抜けした。

とはいえ、その場で事例12の件を持ち出して、確認する意味もないので、認可OKということであれば、どんどん認可の手続を進めてしまおうということでその場を後にした。

その後、認可申請手続を進め、比較的スムーズに認可が得られた。

考えたくはないが、非医師の理事長就任の認可手続は、頻繁にあるわけではないので、担当者によって対応が変わってしまうことがあるのかもしれない。行政からの指導を鵜呑みにせず、法令や通知で明確になっているのであれば、しつこく食い下がることも必要なのではないかと思う。

㊱　日本医療機能評価機構は、倫理と自立性を重んじ、中立的・科学的な立場で医療の質・安全の向上と信頼できる医療の確保に関する事業を行い、国民の健康と福祉の向上に寄与することを理念として設立された公益財団法人である。病院機能評価は、病院の医療機能を学術的観点から中立的な立場で評価し、その結果明らかとなった課題の改善を支援する事業。

事例12の時点から都道府県内で方針の変更などがあったのかもしれないが、事例12の行政対応について反省させられた事例であった。

医業承継支援で心掛けていること 12

1　医療機関は社会的公器であるということ

私は、医業承継を支援する際には、医療機関は社会的公器であるということを意識するようにしている。

医療機関はその規模にかかわらず地域医療を支えている。その意味で社会的公器であって、医業承継は親族の問題ではあるものの、円滑に行われなければ地域医療や患者に与える影響が甚大なものとなる。

自分自身、そのことを強く意識し、そして、クライアントにも意識してもらうように心掛けている。

2　100年病院・100年診療所のお手伝いを

昨今、同族による経営、いわゆる“ファミリービジネス”が注目されている。

同族経営というとどうしてもネガティブなイメージが付きまとうが、医療機関経営の多くは典型的なファミリービジネスである。私としては、院長、後継者等のファミリーが医療に対してどのような思いを持っているのかということを慎重に見極め、その強みを引き出せるような承継を支援したいと考えている。ファミリービジネスに関する研究会（一般社団法人日本ファミリービジネスアドバイザー協会）に参加する等により、ファミリービジネスの強みをどのように引き出すか、そして、どのように承継するかについて勉強を続けている。

医業承継支援において、多くの100年病院、100年診療所となり得る医療機関の承継をお手伝いすることが目標である。

執筆者紹介

鈴木　克己（すずき　かつみ）

昭和46年生まれ、税理士。鈴木克己税理士事務所代表。

平成 6 年 3 月　明治大学政治経済学部政治学科卒業
平成11年 9 月　大手会計事務所入所
平成13年11月　税理士登録
平成26年 1 月　鈴木克己税理士事務所を設立
その他、平成14年1月～12月には日本医師会総合政策研究機構・経営分析センターに研究員として出向。

主に医師、医療法人を中心とした税務、医業承継コンサルティング、M&A等の支援、公益財団法人等の非営利法人に対する支援を得意とする。

主な著書に「Q&A医療法人制度の実務と税務」「Q&A医療機関M&Aの実務と税務」(財経詳報社)。

著者との契約により検印省略

平成 27 年 9 月 1 日　初 版 発 行
平成 29 年 3 月 31 日　初版 4 刷発行
平成 30 年 8 月 1 日　第 2 版 発 行
令和 5 年 2 月 1 日　第 3 版 発 行

実例でわかる
医療に強い税理士になるための教科書
〔第 3 版〕

著　　者　鈴　木　克　己
発 行 者　大　坪　克　行
印 刷 所　美研プリンティング株式会社
製 本 所　牧製本印刷株式会社

発 行 所　東 京 都 新 宿 区 下落合 2 丁目 5 番 13 号　株式会社 税 務 経 理 協 会

郵便番号　161-0033　振替　00190-2-187408　電話（03）3953-3301（編集部）
FAX（03）3565-3391　（03）3953-3325（営業部）
URL　http://www.zeikei.co.jp/
乱丁・落丁の場合はお取替えいたします。

Ⓒ　鈴木克己　2023　Printed in Japan

本書の無断複製は著作権法上での例外を除き禁じられています。複製される場合は，そのつど事前に，出版者著作権管理機構（電話03-5244-5088，FAX03-5244-5089，e-mail：info@jcopy.or.jp）の許諾を得てください。

JCOPY ＜出版者著作権管理機構 委託出版物＞

ISBN978-4-419-06889-9　C3032